Birgit Pauls

Bernd Sommerfeldt

Basisdatenschutz für Jungunternehmer

Birgit Pauls

Bernd Sommerfeldt

Basisdatenschutz für Jungunternehmer

1. Auflage 2017

Bibliografische Information der Deutschen Nationalbibliothek: Die Deutsche Nationalbibliothek verzeichnet diese Publikation in der Deutschen Nationalbibliografie; detaillierte bibliografische Daten sind im Internet über www.dnb.de abrufbar.

ISBN 978-3-7431-9733-6

© Birgit Pauls, Bernd Sommerfeldt 2017

Herstellung und Verlag:
BoD – Books on Demand, Norderstedt

Covergestaltung:
Birgit Pauls mit BOD Easy Cover

Inhaltsverzeichnis

Basisdatenschutz für Jungunternehmer 1

Basisdatenschutz für Jungunternehmer 3

Inhaltsverzeichnis 5

    Vorwort 9

    Datenschutzgrundlagen 11

    Technische und organisatorische Maßnahmen 16

        Zutrittskontrolle 27

        Zugangskontrolle 30

        Zugriffskontrolle 36

        Weitergabekontrolle 38

        Eingabekontrolle 43

        Auftragskontrolle 44

        Verfügbarkeitskontrolle 46

        Trennungsgebot 50

Anpassung an weitere Bestimmungen... 52

Prüfung der Eignung von Beauftragten bei Dritten... 53

Dokumentation ... 53

Nachweise Dritter... 53

Verpflichtung und Unterrichtung ... 55

Verfahrensübersichten... 59

Überprüfung... 61

Vorabkontrolle / Risiko Folgeabschätzung 63

Auftragsdatenverarbeitung... 65

Rechte der Betroffenen... 75

Informationspflicht bei der Erhebung 76

Auskunft ... 77

Berichtigung, Löschung und Sperrung... 78

Datenübertragbarkeit ... 79

Schadensersatz... 80

Informationspflichten 81

Internetauftritt und Werbung 83

Die Aufsichtsbehörde kommt, was tun? ... 87

Abkürzungen 95

Begriffserklärungen 97

Quellen 101

Die Autoren 103

   Birgit Pauls 103

   Bernd Sommerfeldt 104

Vorwort

Datenschutz und IT-Sicherheit sind für jede Unternehmensgröße wichtig und auch rechtlich verbindlich umzusetzen. Im Zuge der schnelllebigen Entwicklung im Informationszeitalter eröffnen sich laufend neue Möglichkeiten, welche von allen Unternehmensgrößen genutzt werden.

Neue Möglichkeiten schaffen auch immer neue Herausforderungen; mit diesen wird das Unternehmen oft allein gelassen und die wichtigsten Schritte werden häufig nicht oder nicht hinreichend vollzogen, wodurch sich unkalkulierbare Risiken für den Unternehmer ergeben.

Dieses Buch wendet sich an alle Unternehmen sowie alle Interessierten und betrieblichen Datenschutzbeauftragten.

Eine vollständige Abhandlung aller Eventualitäten und Sonderfälle ist mit diesem Buch nicht beabsichtigt. Hier wird auf die wichtigsten Punkte eingegangen, die jeder Unternehmer in seinem Betrieb realisieren sollte, unabhängig von der Größe seiner Unternehmung.

Hinweis: Natürlich wendet sich dieses Buch sowohl an Männer als auch an Frauen gleichermaßen, wie auch an das dritte Geschlecht. Auf Formulierungen wie Unternehmer und Unternehmerinnen wurde aus Gründen der Vereinfachung und des besseren Lesens des Buches bewusst verzichtet.

Birgit Pauls und Bernd Sommerfeldt

Tönning / Lübeck im April 2017

Datenschutzgrundlagen

Die wichtigste Grundlage beim Datenschutz ist der gesunde Menschenverstand. Die rechtliche Basis des Datenschutzes in Deutschland wird durch das Grundgesetz gebildet. Auf diesem baut eine Vielzahl weiterer Bestimmungen und Richtlinien auf, z.B. das Bundesdatenschutzgesetz, welches aktuell die wichtigste Norm für Unternehmen und andere private Stellen wie z.B. Vereine darstellt. In anderen Ländern gibt es vergleichbare Anforderungen aus bestehenden Verfassungen sowie Vereinbarungen, welche staatenübergreifend gelten, wie die EU-Datenschutz-Grundverordnung (DS-GVO), die ab 25. Mai 2018 anzuwenden ist.

Unterschiedliche Normen sind für unterschiedliche geografische Zonen herausgegeben worden; die wichtigsten hiervon sind DIN (Deutschland), EN (Europa) sowie ISO (International). Es gibt zahlreiche weitere Normen und Richtlinien, insbesondere in anderen geografischen Zonen. Problematisch wird dies erst, wenn bestimmte Normen, Gesetze und Vorgaben die eigenen Normen nicht berücksichtigen oder sogar zu dessen Bruch verpflichten. Als Beispiel sei hier der Patriot Act zu benennen, bezüglich dessen sich bereits verschiedene Gerichte in den USA und der EU mit Streitfällen beschäftigt haben.

Tatsächlich sind diese unterschiedlichen Handhabungen des Datenschutzes für Unternehmen einer jeden Größe notwendig. Die Globalisierung von Lösungen in der Datenverarbeitung erfordert eine genaue Betrachtung, welche dieser Lösungen für welchen Bereich einsetzbar ist oder auch ausscheidet.

Als Unternehmer sind Sie dafür verantwortlich, sicherzustellen, dass der Datenschutz lückenlos eingehalten wird und können bei Verletzung des Datenschutzes nicht auf mögliche Bestimmungen in Drittstaaten verweisen.

Was muss ein Unternehmen grundsätzlich tun, um die Mindestanforderungen an den Datenschutz einzuhalten? Die Themen sind recht übersichtlich:

- Überprüfung der Zulässigkeit der Datenverarbeitung und -nutzung
- Mitarbeiterverpflichtung und -unterrichtung
- Technische und organisatorische Maßnahmen zum Datenschutz
- Gesetzeskonforme Auftragsdatenverarbeitung
- Wahrung der Rechte Betroffener
- Verfahrensübersichten erstellen

Datenschutzgrundlagen

- Informationspflichten bei Datenschutzpannen
- Ggf. Bestellung eines Datenschutzbeauftragten

Beim Datenschutz geht es immer um den Schutz personenbezogener Daten, d.h. um Angaben über sachliche oder persönliche Verhältnisse einer bestimmten oder bestimmbaren Person. Betriebs- und Geschäftsgeheimnisse ohne Personenbezug fallen nicht unter die Datenschutzgesetzgebung.

Bei der Zulässigkeit der Verarbeitung personenbezogener Daten gilt ein Verbot mit Erlaubnisvorbehalt: Die Erhebung, Verarbeitung oder Nutzung von personenbezogenen Daten ist grundsätzlich verboten, es sei denn

1. der Betroffene hat eine Erlaubnis erteilt oder
2. die Datenverarbeitung wird durch ein Gesetz oder eine Verordnung erlaubt oder gefordert.

Unter den Punkt 2 fällt beispielsweise auch die Verarbeitung von zur Vertragserfüllung erforderlichen Daten.

Im Datenschutz gilt eine strenge Zweckbindung: Daten dürfen nur für die Zwecke verarbeitet werden, zu denen sie erhoben wurden. Eine Verarbeitung zu anderen Zwecken ist nur dann erlaubt, wenn der Betroffene in die Zweckänderung eingewilligt hat oder es eine gesetzliche Grundlage gibt, die eine Verarbeitung zu anderen Zwecken eindeutig gestattet.

Daten, die nicht vorliegen, können nicht verlorengehen oder missbraucht werden. In den Regelungen zum Datenschutz wird daher mit dem Prinzip der Datenvermeidung und Datensparsamkeit eine Datenminimierung gefordert. Es dürfen nur die Daten erhoben werden, die zur Erfüllung des Zweckes notwendig sind. Daten sollen nicht gespeichert werden, wenn der Zweck entfallen ist, es sei denn, es gibt dem entgegenstehende gesetzliche, vertragliche oder satzungsgemäße Aufbewahrungsfristen.

Ferner gilt das Prinzip der Direkterhebung, d.h. Daten sollen beim Betroffenen direkt erhoben werden. Ausnahmen sind möglich, sofern es gesetzlich gestattet ist.

Besondere Vorsicht ist bei der Übermittlung personenbezogener Daten an Dritte geboten. Die Verantwortung für die Zulässigkeit der Übermittlung trägt immer der Übermittelnde. Datenspeicherung in einer Cloud kann eine solche Form der Übermittlung darstellen. Häufig handelt es sich sogar um eine unzulässige Übermittelung in ein Drittland. Dazu gehört auch die Nutzung von E-Mail Providern im Ausland, z.B. Hotmail, Gmail etc. Tipp: Prüfen Sie vor der Cloud-Nutzung ganz genau, wer möglicherweise Zugriff auf Ihre Daten hat oder dies sogar in seinen AGB einfordert. Viele Daten dürfen auch nicht einfach in eine bestimmte bzw. überhaupt in eine Cloud, da diese dann dem Sicherheits- oder Trennungsanspruch nicht mehr gerecht wird. Bedenken Sie, dass Werbeversprechen keine rechtlich verbindliche Aussage darstellen und Sie sich auf diese später nicht berufen können.

Die aktuelle Gesetzgebung hat grundsätzliche technische und organisatorische Maßnahmen festgelegt, welche ggf. durch weitere Bestimmungen für Ihre Unternehmung anzupassen sind; dabei dürfen diese Mindestanforderungen jedoch nicht unterschritten werden. Darüber hinaus sind diese Bestimmungen laufend an den aktuellen technischen Stand anzupassen. Die Vorgaben der Gesetzgebung stellen Mindeststandards dar; bei der Nichteinhaltung dieser Standards handelt es sich nicht um ein Kavaliersdelikt.

Technische und organisatorische Maßnahmen

Der Gesetzgeber hat (in § 9 BDSG mit Anhang, Art. 32 DS-GVO) festgelegt, dass personenbezogene Daten und die damit in Zusammenhang stehenden Persönlichkeitsrechte hinreichend zu schützen sind. Hieraus ergeben sich auch die sogenannten technischen und organisatorischen Maßnahmen, kurz TOMs. Neben den allgemeinen Datenschutzbestimmungen können in weiteren Gesetzen zusätzliche Anforderungen hineinfließen, so dass diese nicht alleine betrachtet werden sollten. Das BSI (Bundesamt für Sicherheit in der Informationstechnik) hat ein umfangreiches Werk an Richtlinien, Empfehlungen und Katalogen erstellt, welche der Sicherheit in der Informationstechnologie dienen. Hierbei wird allerdings insgesamt auf die IT und alle zugehörigen Daten Bezug genommen. Es kommt zwangsläufig zu Überschneidungen.

Obgleich Datenschutz und IT-Sicherheit uns schon seit vielen Jahrzehnten begleiten, werden sie allzu leicht als Bürde gesehen, obgleich der Nutzen unverkennbar ist, wie auch die Notwendigkeit einer klaren Sicherheit und definierten Regelungen zum Umgang mit den

Daten. Bewusst wird dies jedem Einzelnen und auch dem Unternehmer selbst, wenn seine eigenen Daten und seine eigene Sicherheit hiervon betroffen sind oder wieder eine große (inter-)nationale Datenpanne publik wird. Sehen Sie die Richtlinien und Vorgaben als das, was Sie sind: Als Hilfe für einen optimalen Schutz von Daten, Geschäftsgeheimnissen und der Persönlichkeitsrechte eines jeden Einzelnen.

Schutzbedarf feststellen

Es gibt zwei typische Verfahren zur Ermittlung des Schutzbedarfes von Daten. Das eine stellt im Schwerpunkt die wirtschaftlichen Folgen für den Unternehmer in den Fokus, die andere Form betrachtet die möglichen Risiken von Daten bei deren Missbrauch.

Vor jeder Datenverarbeitung muss der Verantwortliche entscheiden, welchen Schutzbedarf die Daten haben. Was bedeutet es, wenn die Daten nicht termingerecht zur Verfügung stehen? Welche Auswirkungen hat es, wenn die Daten in die Hände unberechtigter Dritter gelangen oder manipuliert wurden?

Diese Bewertung muss sowohl aus Sicht des Unternehmens als auch aus der Perspektive des Betroffenen erfolgen. Mit der Anwendbarkeit der DS-GVO wird deutlich mehr Gewicht auf Risikobetrachtungen und die möglichen Gefahren für die Rechte und Freiheiten der Betroffenen gelegt.

Im Datenschutz hat sich das 4-Stufen-Modell bewährt.

Stufe 1: Frei verfügbare Daten, die keines besonderen Schutzes bedürfen und von denen auch kein Schaden zu erwarten ist, unabhängig davon, in welchen Händen sich diese befinden (z. B. Telefonbucheinträge).

Stufe 2: Daten, die nicht frei verfügbar sind, die aber in den falschen Händen auch keine Schadensfolgen vermuten lassen (z.B. Alter).

Stufe 3: Daten, die nicht frei verfügbar sind und die in falschen Händen persönliche oder wirtschaftliche Schäden ermöglichen würden (z.B. Kontodaten).

Stufe 4: Daten, die nicht frei verfügbar sind und die in falschen Händen erhebliche Schäden bis hin zu Gefahr für Leib und Leben verursachen können (z.B. Gesundheitsdaten).

Daten aus niedrigen Stufen können bei bestimmten Konstellationen auch höheren Stufen zugeordnet werden - beispielsweise sind

Datenschutzgrundlagen

Adressdaten grundsätzlich in der Stufe 1 zu finden, im Rahmen eines Zeugenschutzprogrammes rücken solche Daten aber automatisch in Stufe 4, da das sich Risiko entsprechend erhöht.

Bereits heute hat der Gesetzgeber bestimmte Daten als besonders schützenswert deklariert; diese sind auch in den Stufen 3 und 4 wiederzufinden, unabhängig von dieser besonderen Hervorhebung. Auch wenn Personaldaten nicht in der Liste besonders schützenswerter Daten benannt sind, haben Praxis sowie Risikobewertung und juristische Betrachtung dazu geführt, dass auch diese Daten uneingeschränkt zu den besonders schützenswerten Daten zu rechnen sind. Diese Regelung greift bereits im Bewerbungsverfahren.

Wenn der Schutzbedarf bestimmt wurde, müssen technische und organisatorische Maßnahmen getroffen werden, um das Schutzniveau zu gewährleisten. In diesem Zusammenhang nimmt auch der Datenschutzbeauftragte die Risikofolgeabschätzung vor, welche derzeit noch in ähnlicher Form bei der Vorabkontrolle vorliegt. Im Bereich der IT erscheint dies immer sehr theoretisch und ungreifbar, deshalb versetzen Sie sich ruhig vorher in die Lage, wie Sie die Daten ohne IT schützen und trennen würden. Durch dieses Gefühl gewinnen

Sie auch ein besseres Verständnis dafür, wie Daten in der IT zu schützen sind.

Das BSI betrachtet den Schutzbedarf in Zusammenhang mit möglichen Bußgeldern und Vertragsstrafen. Beide Betrachtungen gemeinsam können zur Feststellung eines angemessenen Schutzbedarfes führen. Das BSI geht hier von 3 Risikostufen aus; hier werden Sie nachfolgend auch feststellen, dass es klare Überschneidungen mit dem Datenschutz gibt, da IT-Sicherheit auch Datenschutz ist.

Hilfreich ist es, nach dem BSI-Standard 100-2 vorzugehen und die Schutzstufen „normal", „mittel" und „hoch" zu verwenden. Zunächst einmal muss die Unternehmensleitung festlegen, was Datenpannen kosten dürfen. Wie lange können die Geschäftsprozesse ohne IT und Daten aufrechterhalten werden? Welche Umsatzverluste, Bußgelder und Vertragsstrafen sind verschmerzbar, ohne dass das Unternehmen in finanzielle Schieflage gerät oder die Situation gar existenzbedrohend wäre? Haben Datenpannen möglicherweise Auswirkungen auf die Gesundheit, sind sie sogar lebensbedrohend?

Das BSI schlägt folgende Schadensszenarien zur Bewertung des Schutzbedarfs vor:

1. Verstoß gegen Gesetze / Vorschriften / Verträge
2. Beeinträchtigung des informationellen Selbstbestimmungsrechts
3. Beeinträchtigung der persönlichen Unversehrtheit
4. Beeinträchtigung der Aufgabenerfüllung
5. negative Innen- oder Außenwirkung
6. finanzielle Auswirkungen

Eine mögliche Matrix könnte dann so aussehen:

	Normal	Hoch	Sehr hoch
1	Bußgelder und Vertragsstrafen von maximal 10.000 €	Bußgelder und Vertragsstrafen über 10.000 € und bis zu 100.000 €	Bußgelder und Vertragsstrafen über 100.000 €

	Normal	Hoch	Sehr hoch
2	Für den Betroffenen kaum Beeinträchtigungen in seiner gesellschaftlichen Stellung oder seinen wirtschaftlichen Verhältnissen.	Für den Betroffenen erhebliche Beeinträchtigungen in seiner gesellschaftlichen Stellung oder seinen wirtschaftlichen Verhältnissen.	Für den Betroffenen ruinöse Beeinträchtigungen in seiner gesellschaftlichen Stellung oder seinen wirtschaftlichen Verhältnissen, Gefahr für Leib und Leben.
3	Keine Beeinträchtigung.	Eine Beeinträchtigung der körperlichen Unversehrtheit kann nicht ausgeschlossen werden.	Gravierende Beeinträchtigung der körperlichen Unversehrtheit, Gefahr für Leib und Leben.

	Normal	Hoch	Sehr hoch
4	Eine Ausfalldauer von über 48 Stunden ist akzeptabel.	Die Ausfalldauer darf zwischen einer und 48 Stunden liegen.	Die Ausfalldauer muss unter einer Stunde liegen.
5	Die Ansehens- und Vertrauensbeeinträchtigung ist gering.	Die Ansehens- und Vertrauensbeeinträchtigung ist regional / auf bestimmte Gruppen begrenzt.	Eine landesweite Ansehens- und Vertrauensbeeinträchtigung mit existenzbedrohenden Folge ist zu erwarten.

	Normal	Hoch	Sehr hoch
6	Der zu erwartende Schaden beträgt maximal 10.000 €.	Der zu erwartende Schaden liegt zwischen 10.000 € und bis zu 100.000 €.	Zu erwartende Schäden über 100.000 €.

Die Grenzen für die Schutzbedarfsstufen werden einmalig durch die Geschäftsleitung festgelegt. Diese sollten dann in regelmäßigen Abständen überprüft und entsprechend der Entwicklung des Unternehmens sowie bei jeder Veränderung angepasst werden.

Nun werden alle Daten in Bezug auf die drei Schutzziele bewertet:

- Vertraulichkeit – Daten sind nur Berechtigten zugänglich
- Integrität – Daten sind aktuell und unverändert
- Verfügbarkeit – Daten und Systeme stehen zur Verfügung, wenn sie benötigt werden, dabei sind auch gesetzliche und vertragliche Aufbewahrungsfristen zu beachten

Datenschutzgrundlagen

Die Bewertungen ergeben sich aus der Vorabkontrolle bzw. Risikofolgeabschätzung und fließen direkt in das RISK-Management ein.

Aus dieser Bewertung sollten dann dem Schutzzweck der Daten angemessene technische und organisatorische Maßnahmen abgeleitet werden. Hilfreich dabei kann ein Blick in die IT-Grundschutzkataloge oder manchmal sogar in das Gesetz sein. Für Schulen ist beispielsweise im Schulgesetz geregelt, dass alle Daten, die auf Datenträgern außerhalb der Schule verarbeitet werden, grundsätzlich verschlüsselt sein müssen.

Neu im der DS-GVO ist die Anforderung „Datenschutz durch Technikgestaltung und durch datenschutzfreundliche Voreinstellungen" (Art. 25 DS-GVO).

Die Anforderungen aus der Datenschutzgesetzgebung an die TOMs beziehen sich nur auf die personenbezogenen Daten. Trotzdem sollten gleichzeitig auch Betriebs- und Geschäftsgeheimnisse ohne Personenbezug bewertet werden, da sie für das Unternehmen überlebenswichtig sind, besonders bei innovativen Firmen oder Unternehmen mit anderen Alleinstellungsmerkmalen.

Die Maßnahmen sollten kurz, prägnant und für alle Beschäftigen verständlich schriftlich fixiert werden, damit sie eine gewisse Verbindlichkeit haben. Damit die Mitarbeiter wissen, welche Regeln überhaupt existieren, sollten diese Regelungen bei Einführung allen Beschäftigten vorgestellt werden, inklusive Angabe des Ablageortes, an dem diese Dokumentation zu finden ist.

Häufig wird versucht, im ersten Schritt alle Eventualitäten zu definieren. Dies ist häufig nicht zielführend. Beginnen Sie erst einmal mit den wichtigsten Maßnahmen, die die Datensicherheit maßgeblich beeinflussen. Mit zunehmender Erfahrung kann dann nachjustiert und zusätzliches Verbesserungspotential aufgedeckt werden.

Außerdem müssen Einhaltung und Wirksamkeit der definierten Maßnahmen regelmäßig überprüft werden, ebenso wie der Einsatz neuer Möglichkeiten. Dies sollte dann auch hinreichend und für fachkundige Dritte nachvollziehbar dokumentiert werden, um den Rechenschaftspflichten aus der DS-GVO nachzukommen.

Geschäftsführer und sonstige Vorgesetzte sollten bei der Einhaltung der definierten Maßnahmen stets mit gutem Beispiel vorangehen

– Datenschutzregeln gelten für alle Beschäftigten, auch Chefs, Vertriebs- und Marketingleiter sind davon nicht ausgenommen.

Abhängig von der Größe des Unternehmens, gesetzlichen Vorgaben für die Branche und dem Sicherheitsbedürfnis Ihrer Kunden kann eine Zertifizierung nach ISO 27001 auf Basis des BSI-Grundschutzes oder anderen Standards sinnvoll sein. Häufig wird zur Einhaltung der IT-Sicherheit auch ein IT-Sicherheitsbeauftragter bestellt, welcher hier mit dem Datenschutzbeauftragten Hand in Hand zusammenarbeitet. Der Datenschutzbeauftragte kann auch als IT-Sicherheitsbeauftragter tätig sein.

Nun zu den Anforderungen im Einzelnen, die in der Anlage zu § 9 BDSG benannt werden:

Zutrittskontrolle

Mit Maßnahmen zur Zutrittskontrolle soll verhindert werden, dass Unbefugte Zutritt zu den Datenverarbeitungsanlagen erhalten. Die Zutrittskontrolle ist rein räumlich zu verstehen.

Zunächst einmal geht es darum, das Betriebsgelände und Gebäude abzusichern. Verschlossene Türen und Fenster nach Betriebsschluss sind eigentlich eine Selbstverständlichkeit, die keine zusätzlichen Kosten verursacht.

Denken Sie auch an die Mitarbeiter im Außendienst oder im Homeoffice. Hotelzimmer, Privatwohnungen und Autos müssen bei Verlassen verschlossen sein. Insbesondere bei Privatwohnungen ist zu beachten, dass Familienmitglieder und Freunde aus Datenschutzsicht Dritte sind, die von den Daten ferngehalten werden müssen.

Alarmanlagen sind eine weitere Möglichkeit, Unberechtigte fernzuhalten oder ihr Eindringen schnell zu bemerken.

Günstige Maßnahmen zur Zutrittskontrolle sind gute Schließsysteme, vergitterte Fenster in leicht zugänglichen Bereichen sowie Serverräume ohne Fenster.

Jede Schlüsselvergabe muss dokumentiert werden (inklusive einer definierten Regelung für eventuellen Verlust).

Besucherlenkung ist ein wesentlicher Aspekt einer guten Zutrittskontrolle.

Bei der Schlüsselvergabe sollten der Schutzbedarf der Räume und der darin befindlichen Technik und Unterlagen berücksichtigt werden. Serverraum, Personalbüro, Buchhaltung, Büro der IT und der Administratoren sowie die Räume der Geschäftsleitung sollten nicht für alle Mitarbeiter zugänglich sein.

Auch der Serverraum sollte nicht allgemein zugänglich sein. Eine typische Panne, die seit Jahrzehnten immer wieder in Serverräumen passiert, ist das Abschalten von für das Unternehmen wichtigen Systemen, weil eine Steckdose übergangsweise für etwas anders verwendet wird. Es gab Fälle, in denen die Datensicherung über Monate nicht lief, weil die Reinigungskraft die dem Server zugeordnete Steckdose regelmäßig für den Staubsauger verwendete. Stecker raus – Datensicherung stürzt ab, gleichzeitig wird aber der Raum perfekt gereinigt - Stecker wieder rein - Server fährt wieder hoch, aber die Datensicherung läuft nicht wieder an. Empfehlung: Kritische Bereiche wie den Serverraum nur gelegentlich unter Aufsicht reinigen lassen.

Wo stehen Drucker, Faxgeräte und Kopierer im Unternehmen? Wo sind die Telefonanlage und zentrale Verteiler untergebracht? Sind sie für Besucher erreichbar?

Unterlagen mit personenbezogenen Daten sollten grundsätzlich in verschlossenen Schränken aufbewahrt werden; das Personalbüro und die Buchhaltung sollten immer verschlossen sein, wenn sich niemand im Raum aufhält.

Zugangskontrolle

Maßnahmen zur Zugangskontrolle sollen sicherstellen, dass Datenverarbeitungsanlagen nicht von Unberechtigten genutzt werden können. Die Zugangskontrolle ist die zweite Ebene der Kontrollen und greift nach der Zutrittskontrolle. Hier geht es um den Zugang zu den tatsächlichen Geräten und Daten, noch ohne auf diese zu zugreifen.

Bevor die Maßnahmen festlegt werden, sollte zunächst einmal definiert werden, was eigentlich eine Datenverarbeitungsanlage ist. Die erste Version des BDSG stammt aus dem Jahr 1977. Damals füllten die Datenverarbeitungsanlagen riesige Räume, und nicht alle Unternehmen nutzten solche Anlagen. Heute verfügt jede Organisation über mindestens einen PC oder ein Notebook. Es gibt jedoch auch weitere Datenverarbeitungsanlagen: Über ein Smartphone werden E-Mails abgerufen und geschrieben; das Kassensystem enthält den gesamten Artikelstamm, Kundeninformationen sowie Zahlungsdaten; Handscanner im Logistikbereich speichern Auftragsdaten, Namen und Anschriften. All diese Systeme müssen beim Datenschutz und der Definition von technischen und organisatorischen Maßnahmen betrachtet werden. War es früher noch erforderlich, mit immens hohem Aufwand Akten, Datenträger und Unterlagen aus einem Unternehmen zu schaffen, um diese missbräuchlich zu nutzen, reicht heute häufig schon der Zugang für wenige Minuten oder Sekunden, um denselben Effekt unbemerkt zu erzielen.

Mindestanforderung ist der Schutz der Systeme durch eine Authentifizierung am System, z.B. durch Benutzername und Passwort oder durch eine PIN. Dies muss auch geschehen, wenn eigentlich nur eine Person auf das System zugreifen kann, wie z.B. der PC eines „Einzelkämpfers".

Insbesondere auf tragbaren Geräten, die auch auf Geschäftsreisen mitgenommen werden, sollte nicht auf den Mindestschutz verzichtet werden. Allerdings sind in diesem Fall auch weitere Sicherheitsmechanismen wie das Verschlüsseln von Dateien und Festplatten empfehlenswert.

Jeder Benutzer muss unter einer eigenen Kennung arbeiten, Passwörter dürfen nicht weitergegeben werden.

Wenn Sie mehrere Benutzerkonten haben, wie z.B. den Zugang auf das Unternehmensnetzwerk, einen Zugang zum Online-Banking, Konten bei Online-Händlern oder Zugänge zu sozialen Netzwerken, so sollten Sie für all diese Konten unterschiedliche Passwörter verwenden. Dies hat den Vorteil, dass nicht alle Passwörter sofort bekannt sind, wenn eins dieser Konten gehackt wurde.

Verwenden Sie sichere Passwörter und sensibilisieren Sie Ihre Mitarbeiter, damit auch diese sichere Login-Daten nutzen. Besser noch: Sorgen Sie durch Einstellungen im Betriebssystem dafür, dass nur Passwörter zugelassen werden, die bestimmte Mindestanforderungen erfüllen.

Bei Administrationszugängen oder Buchhaltungsprogrammen ist es wichtig, dass mehrere Personen notfalls Zugang zum System bekommen, insbesondere dann, wenn es nur einen Administrator oder einen Buchhalter gibt und dieser durch Unfall oder Krankheit überraschend oder kurzfristig ausfällt. Eine datenschutzkonforme Lösung ist es, das Passwort in einem verschlossenen bzw. versiegelten Umschlag in einem Safe oder einem anderen sicheren Aufbewahrungsort zu hinterlegen, diesen dann im Notfall zu öffnen und den Vorgang entsprechend zu dokumentieren.

Beim Verlassen des Arbeitsplatzes sollte bei längerer Abwesenheit eine komplette Abmeldung vom System erfolgen bzw. der Bildschirm bei kürzerer Abwesenheit mit einem kennwortgeschützten Bildschirmschoner gesperrt werden. Es ist darüber hinaus wünschenswert, in der Systemsteuerung einzustellen, dass der Bildschirmschoner nach fünf bis zehn Minuten Inaktivität automatisch eingeschaltet wird.

Es gibt kaum noch PCs, die vollständig von der Außenwelt abgeschnitten sind. Daher sind ein aktueller Virenscanner und eine Firewall wichtige Instrumente, um unerwünschten Besuchern den Zugang zu den Systemen von außen zu verwehren. Schalten Sie Schnittstellen ab, die nicht benötigt werden. Eine aktive Bluetooth-Schnittstelle ist immer wieder einladend für böse Buben.

Es muss klar definiert werden, welche Gäste oder Servicekräfte per Fernzugriff Zugang zum Unternehmensnetzwerk erhalten dürfen. Dabei sollten sichere Verbindungen wie VPN verwendet werden. Fernwartung muss immer vom Anwender ausgelöst und genehmigt werden. Werden Programme zur Fernwartung eingesetzt, bei denen sich der Helfer quasi auf den Bildschirm des Anwenders aufschalten und mitlesen kann, muss dies – schon zur

Vermeidung einer verdeckten (unzulässigen) Leistungs- und Verhaltenskontrolle – immer mit Information und Zustimmung des Anwenders geschehen. Bei ausschließlich fernadministrierten Systemen sind die externen Personen ebenso zu verpflichten, als wenn diese im eigenen Unternehmen beschäftigt wären, da diesen generell der Zugang gestattet wird, als würde es sich um eigenes IT-Personal handeln.

Kabelnetze werden immer häufiger durch WiFi-Lösungen ergänzt oder ersetzt. Beim Einsatz von WiFi muss sichergestellt sein, dass nur berechtigte Personen Zugriff haben können. Im Grundsatz sollte aber auf WiFi verzichtet werden, soweit und solange dies irgend möglich ist. Auch große Unternehmen setzen nach wie vor Glasfaser- und Kupferleitungen ein und nur dort, wo es sich nicht vermeiden lässt und vertretbar ist, wird WiFi auf besonders geschützten Systemen eingesetzt – üblicherweise nicht auf dem Standardrouter des Providers.

Die Vergabe und der Entzug von Zugriffsberechtigungen für Mitarbeiter sollten nicht auf Zuruf erfolgen, sondern als geordneter Unternehmensprozess definiert und schriftlich dokumentiert werden. Hier wird dann von einem

Rollen- und Berechtigungskonzept gesprochen.

Wenn neue Mitarbeiter in das Unternehmen eintreten, ist es meist relativ einfach, ihnen die für ihre Arbeit benötigten Zugangsberechtigungen zuzuordnen. Jeder Mitarbeiter hat ja seinen Aufgabenbereich und meldet sich meistens sehr schnell, wenn er nicht an Daten oder Programme herankommt, die er für seine Arbeit benötigt. Schwieriger wird es, wenn Mitarbeiter ausscheiden, insbesondere dann, wenn man sich nicht im Guten trennt und die Zugänge schnell gesperrt werden müssen. Hatte der Mitarbeiter möglicherweise Administratorrechte? Kennt er den Zugangscode zum WiFi? Wenn diese Fragen unter Zeitdruck beantwortet werden müssen, werden meist Zugänge übersehen, und der ehemalige Mitarbeiter kann munter weiter auf die Daten des Unternehmens zugreifen.

Sinnvoller ist es, auch in kleinen Unternehmen mit wenig Mitarbeitern in einer ruhigen Stunde die Prozesse „Einstellung von Mitarbeitern" und „Ausscheiden von Mitarbeitern" zu durchdenken und aufzuschreiben, was in diesen Fällen getan werden muss. In Hinblick auf den Datenschutz betrifft dies unter anderem die Abgabe von Schlüsseln, das Sperren von Zugängen sowie die Rückgabe von mobilen Datenträgern wie Notebooks, Handys und USB-Sticks.

Sind dem Mitarbeiter Zugangscodes für die Alarmanlage oder das Netzwerk sowie Administrationspasswörter bekannt, so sollten diese schnellstmöglich – am besten noch während des Entlassungsgesprächs – geändert werden. Auch mögliche Chipkarten sollten dann gesperrt werden, unabhängig von deren Rückgabe. Die zurückgereichten Chipkarten sollten dann für den nächsten Mitarbeiter mit neuen Zugangsdaten bestückt werden.

Zugriffskontrolle

Maßnahmen zur Zugriffskontrolle sollen gewährleisten, dass die zur Benutzung eines Datenverarbeitungssystems Berechtigten ausschließlich auf die ihrer Zugriffsberechtigung unterliegenden Daten zugreifen können, und dass personenbezogene Daten bei der Verarbeitung, Nutzung und nach der Speicherung nicht unbefugt gelesen, kopiert, verändert oder entfernt werden können.

Hier geht es also um die Festlegung, wer welche Daten sehen, verarbeiten oder nutzen darf und dies in bestimmten Programmen bis hin zur Feldebene in den Programmmasken. Die

Personalakten sollen schließlich nicht für alle Mitarbeiter einsehbar sein, sondern nur für die Beschäftigten der Personalabteilung. Ein Mitarbeiter im Wareneingang darf die Lagerbestände im Warenwirtschaftssystem sehen, aber keinen Zugriff auf Abrechnungsdaten und Mahnungen haben. Personaldaten gelten als so sensibel, dass diese physikalisch von anderen Daten zu trennen sind.

Möglichkeiten zur Steuerung der Mitarbeiterzugriffe sind programmgesteuerte Berechtigungen, die häufig in Standardsoftware enthalten sind. Außerdem sollten verschiedene Laufwerke nach Aufgabenbereich eingerichtet werden, die dann für die entsprechenden Abteilungen oder Benutzergruppen freigeschaltet werden.

Betrachten Sie dabei auch Drucker, Fax und Multifunktionsgeräte sowie zeitweise nicht genutzte Schnittstellen. Schalten Sie nicht benötigte Funktionen und Schnittstellen ab und vergeben Sie jedem netzwerkfähigen Gerät komplexe Passwörter, auch Ihrem Multifunktionsdrucker.

Denken Sie neben den normalen Wegen, auf denen man an Daten gelangen kann, auch immer an Alternativen, die zum gleichen Ziel führen. Verabschieden Sie sich von dem Gedanken, dass diese Alternativen unwahrscheinlich sind und niemand solche Maßnahmen ergreifen würde. Die Erfahrung hat gezeigt, dass dies eben doch geschieht und auch sehr kreative Wege beschritten werden.

Was nützt es, wenn die Personalunterlagen eigentlich sicher im Personalbüro oder auf den Laufwerken der Personalabteilung liegen, gescannte Dokumente aber für jedermann im Unternehmen zugreifbar auf der Festplatte von Multifunktionsgeräten oder anderen temporären Arbeitsspeichern abgelegt werden?

Weitergabekontrolle

Die Weitergabekontrolle dient dazu, zu gewährleisten, dass personenbezogene Daten bei der elektronischen Übertragung oder während ihres Transports oder ihrer Speicherung auf Datenträger nicht unbefugt gelesen, kopiert, verändert oder entfernt werden können, und dass überprüft und festgestellt werden kann, an welche Stellen eine Übermittlung personenbezogener Daten durch Einrichtungen zur Datenübertragung vorgesehen ist.

Hier geht es also darum, sicherzustellen, dass Daten beim Transport per CD, Fax, E-Mail oder auf andere Weise ausreichend geschützt werden und nur an die Stellen übermittelt werden, die die Daten auch rechtmäßig erhalten dürfen. Außerdem müssen die Daten vor unberechtigter Kenntnisnahme geschützt werden. Dies betrifft auch Akten auf dem Schreibtisch oder Monitore, die unbefugt mitgelesen werden könnten.

Tipp: Fahren Sie an einem Montagmorgen oder Freitagnachmittag einmal mit der Bahn auf den Fernverkehrsstrecken, bevorzugt nach Frankfurt oder Berlin. Achten Sie darauf, wie viele geschäftliche Telefonate Sie mithören und wie viele Laptop-Monitore Sie einsehen können. Gehen Sie auch einmal von außen um Ihr Bürogebäude herum und schauen Sie von der Straße in die Fenster. Was sehen Sie? Bedenken Sie dabei auch die Möglichkeiten hochauflösender Kameras, um die Sicherheit der Informationen hinten an der Pinnwand zu bewerten.

Vorsicht, wenn Sie Daten wie z.B. Auftragsinformationen, Rechnungen oder Informationen zur Sendungsverfolgung zum Abruf auf der eigenen Webseite bereitstellen. Es muss sichergestellt sein, dass nur Berechtigte auf die Daten zugreifen können. Diverse Datenschutzpannen sind in den vergangenen Jahren passiert, weil unsensible Programmierer praktischerweise die Rechnungsnummer zur Generierung der aufzurufenden URL verwendet haben. Neugierige Internetbenutzer haben dann einfach die Zahl geändert und konnten die Aufträge und Rechnungen anderer Unternehmen einsehen.

Die Entsorgung von Papier und Datenträgern ist eine weitere Schwachstelle im Datenschutz: Es hilft Ihnen nichts, wenn die Geräte „zu Lebzeiten" perfekt abgesichert werden, nach dem Einsatz im Unternehmen aber als normaler Elektroschrott enden oder gar mit den darauf vorhandenen Daten verkauft oder verschenkt werden. Stellen Sie bei Außerbetriebnahme von PC, Notebook, USB-Stick, Handy, Smartphone usw. sicher, dass sich keine Daten mehr darauf befinden. Besser noch: Beauftragen Sie einen zertifizierten Entsorger, der sich auf die datenschutzgerechte Vernichtung von Datenträgern nach der aktuellen DIN 66399 spezialisiert hat und Ihnen nach Abschluss einen Entsorgungsnachweis ausstellt. Denken Sie dran, dass dies eine Auftragsdatenverarbeitung ist, auch wenn hier der Schritt die Vernichtung ist.

Gleiches gilt für Papier: Altpapier ist immer eine mögliche Quelle für unberechtigte Datenweitergabe. Jedes Unternehmen sollte mindestens einen Aktenvernichter zur Entsorgung von vertraulichem Schriftgut besitzen und diesen auch regelmäßig verwenden; mit der Vernichtungsstufe P4 nach DIN 66399 sind Sie hier auf der sicheren Seite, da diese auch für sensitive Daten ausreicht. Fallen größere Mengen vertraulichen Schriftgutes an, kann ein zertifizierter Entsorger mit der Bereitstellung einer sogenannten Datenschutztonne beauftragt werden. Hierbei handelt es sich um verschlossene Behälter, in die Papier hineingeworfen werden und ohne einen Schlüssel nicht wieder herausgeholt werden kann. Die Tonne wird dann durch den Entsorger abgeholt und das Papier gegen Zertifikat vernichtet.

Es gibt viele Möglichkeiten, die Weitergabe von Daten technisch zu verhindern. Eine nicht zu unterschätzende Schwachstelle ist aber der Faktor Mensch. Selbstbewusstes Auftreten von einer vermeintlichen Autoritätsperson oder angeblichem Wartungspersonal hat schon so manchem Kriminellen Einlass verschafft.

Auch die angeblichen Systemadministratoren, die nach einer Programmänderung die Zugangsdaten des Mitarbeiters benötigen, um die Richtigkeit der Änderung zu testen, sind seit Jahren erfolgreich, wenn es darum geht, sich unberechtigten Zugang zu Firmennetzwerken zu verschaffen. Wenn sich die Polizei am Telefon meldet, werden viele Menschen sehr auskunftsfreudig. Sensibilisieren Sie Ihre Mitarbeiter für Social Engineering, so dass Angreifer auf diesem Wege nicht an Ihre Daten kommen.

Eine nicht zu unterschätzende Gefährdung der Datensicherheit im Unternehmen erfolgt durch soziale Netzwerke. Schnell wird z.B. ein Foto von der Baustelle hochgeladen, der Mitbewerber hat damit Informationen über den Fortgang des Projektes oder bei innovativen Projekten sogar Einblicke in die verwendete Technologie. Stellen Sie Regeln für die Nutzung sozialer Netzwerke in Bezug auf Informationen zu Ihrem Unternehmen auf. Gefährlich wird es für das Unternehmen auch, wenn sich Mitarbeiter mit der geschäftlichen E-Mail-Adresse bei sozialen Netzwerken anmelden und möglicherweise Urheberrechtsverletzungen begehen. Eine häufige Verletzung ist hier die Rechteverletzung am Eigenen Bild Dritter. Diese Rechteverletzung wird dann direkt mit ihrem Unternehmen in Verbindung gebracht, mit einer Vielzahl an Folgen. Die Verwendung der geschäftlichen E-Mailadresse und anderer geschäftlicher Kontaktmöglichkeiten, sollten Sie für private Zwecke untersagen.

Schützen Sie Ihr Unternehmensnetzwerk vor ungebetenen Besuchern. Ist das WiFi hinreichend abgesichert? Gibt es offene Netzwerkdosen in öffentlichen zugänglichen Bereichen des Unternehmens?

Zur Weitergabekontrolle gehört aber auch der Umgang mit den Daten der Mitarbeiter. Wenn ein Kunde nach dem Mitarbeiter Müller fragt, der gerade im Krankenhaus liegt, sollte die Auskunft immer lauten: „Der Kollege ist gerade nicht im Hause" und nicht: „Er hat sich beim Fußballspielen das Bein gebrochen". Wenn Herr Müller dem Kunden diese Information geben möchte, soll er es selbst tun, ansonsten geht es niemanden etwas an. Rufen Sie im Zweifel auch Behörden auf den bekannten Rufnummern zurück und vertrauen Sie nicht einfach der Anzeige; es ist durchaus leicht möglich, eine falsche Rufnummer als Kennung zu übertragen.

Eingabekontrolle

Maßnahmen zur Eingabekontrolle sollen gewährleisten, dass nachträglich überprüft und festgestellt werden kann, ob und von wem personenbezogene Daten in Datenverarbeitungssysteme eingegeben, verändert oder entfernt worden sind.

Die Eingabekontrolle soll die Datenverarbeitung nachvollziehbar machen. Mindestvoraussetzung für eine wirksame Eingabekontrolle ist, dass jeder Benutzer über einen eigenen Benutzernamen verfügt. Von mehreren Anwendern genutzte Sammelaccounts wie Azubi, Gast oder Buchhaltung machen eine wirksame Eingabekontrolle unmöglich, diese sind auch nach anderen Vorschriften aufgrund fehlender Revisionsfähigkeit unzulässig.

Kernstück einer wirksamen Eingabekontrolle ist eine Protokollierung, die datenschutzkonform ausgewertet wird.

Maßnahmen zur Eingabekontrolle sind oft sehr aufwendig. Es ist daher immer zu prüfen, welcher Aufwand für die Eingabekontrolle in einem angemessenen Verhältnis zum Schutzzweck der Daten steht. Auch kann eine übertriebene Kontrolle selbst ein Verstoß gegen den Datenschutz darstellen.

Auftragskontrolle

Diese Maßnahmen sollen gewährleisten, dass personenbezogene Daten, die im Auftrag verarbeitet werden, nur entsprechend den Weisungen des Auftraggebers behandelt werden können, so als wenn dieser es selbst erledigen würde.

Datenschutzgrundlagen

Hier soll erreicht werden, dass der Auftragnehmer einer Auftragsdatenverarbeitung die Daten ausschließlich entsprechend der Weisungen des Auftraggebers verarbeitet, dass die vereinbarten technischen und organisatorischen Maßnahmen eingehalten werden und dass der Auftraggeber die vom Gesetz vorgesehenen Kontrollen durchführt.

Mindestanforderung hierzu ist, dass im Unternehmen alle Auftragsdatenverarbeitungen identifiziert sind und ein Prüfkonzept für die Prüfung der Auftragnehmer vorhanden ist.

Eine gute Basis für die Prüfung der Auftragnehmer ist eine Checkliste, die auch zur Kontrolle der technischen und organisatorischen Maßnahmen im eigenen Unternehmen verwendet wird. Letztendlich sollten Sie so prüfen, als wenn Sie selbst diese Daten verarbeiten würden und Ihre eigenen Ansprüche hierdurch realisiert sein sollten. Denn genauso sieht der Gesetzgeber die Verarbeitung im Auftrag: Als eine Verlängerung der verantwortlichen in die ausführende Stelle bei Erhalt der vollen Verantwortlichkeit. Auch die vollständige Übertragung einer Funktion ist mit Wirksamwerden der DS-GVO genau wie eine Auftragsdatenverarbeitung zu prüfen und durch eine Vereinbarung zu fixieren, obgleich Sie hier bestimmte Kontroll- und Weisungsrechte nicht innehaben, da die Funktion übertragen wird.

Verfügbarkeitskontrolle

Maßnahmen zur Verfügbarkeitskontrolle sollen gewährleisten, dass personenbezogene Daten gegen zufällige Zerstörung oder Verlust geschützt sind.

An dieser Stelle wird es wieder aufwändiger, hier gilt es aber auch, das Überleben des Unternehmens, das meist mehr oder weniger von seinen Daten abhängig ist, sicherzustellen.

Basis für eine ausreichende Verfügbarkeit der Daten ist eine regelmäßige, funktionierende Datensicherung. Dabei reicht es nicht, nur die Daten zu speichern, es muss sichergestellt sein, dass die Programme und Konfigurationsdaten auch jederzeit passend zum aktuellen Stand der Daten vorhanden sind.

Viele Unternehmen sichern regelmäßig ihre Daten, indem Sie sie auf einer zweiten Festplatte im Server oder auf Bandlaufwerken, deren Bänder im Serverraum aufbewahrt werden, speichern. Diese Maßnahmen sind häufig wirkungslos. Was nützt es bei Feuer, Wasserschaden, Einbruch oder Vandalismus im Serverraum, wenn die Datensicherung auch in dem betroffenen Bereich liegt?

Problematisch ist die oft praktizierte Auslagerung von Datensicherungen in Privatwohnungen von Mitarbeitern. Kommt es zu Unstimmigkeiten zwischen Arbeitgeber und Mitarbeiter, wird gern die Herausgabe der Datensicherung verweigert. Darüber hinaus kann nicht geprüft werden, wer Zutritt zur Datensicherung hat und ob nicht sogar weitere Kopien angefertigt werden. Auch die hochgelobte Cloud ist in vielen Fällen kein datenschutzgerechter Aufbewahrungsort für Datensicherungen, da unter Umständen Daten ins Ausland übermittelt werden und nicht transparent ist, wer auf die Daten zugreifen kann, oder die Daten generell nicht in einer bestimmten oder allgemeinen Cloud gespeichert werden dürften. Auch kann die Wiederherstellungsdauer aus einer Cloudsicherung deutlich außerhalb eines angemessenen Zeitraumes liegen. Bei der weiteren Beurteilung im RISK-Management kommen hier neben anderen rechtlichen Bedenken und Risiken auch Widerherstellungszeiten zustande, die schon für sich alleine untragbar sind.

Eine Datensicherung sollte nicht nur regelmäßig vorgenommen werden, es sollte auch regelmäßig geprüft werden, ob diese sich auch vollständig funktional zurückschreiben lässt.

Weitere Maßnahmen zur Verfügbarkeit betreffen den Schutz vor Wasser, Blitz, Bränden oder Diebstahl.

Die Verfügbarkeit der technischen Infrastruktur ist stark abhängig von den räumlichen Gegebenheiten. Suchen Sie einen passenden Raum für Ihren Server. Ein stets verschlossener, fensterloser Raum mitten im Gebäude, dazu in einem Bereich mit wenig oder keinem Publikumsverkehr, verringert die Wahrscheinlichkeit des Verlustes von wichtigen Komponenten durch Diebstahl. Einen Server sollten Sie als Hochsicherheitsbereich betrachten, denn dieser beinhaltet alle Daten Ihrer Unternehmung oder ermöglicht Zugang zu diesen. Hier an der Sicherheit zu sparen, stellt eine grobe Fahrlässigkeit im Umgang mit Daten dar und kann neben den verschiedenen Bußgeldern, Strafgeldern, Schadensersatzforderungen auch das Versagen von Leistungen durch Ihre Versicherung zur Folge haben - dieses Risiko sollten Sie als Unternehmer keinesfalls eingehen.

Durch Klimatisierung des Serverraums soll erreicht werden, dass die Technik im Bereich ihrer Wohlfühltemperatur läuft und zu hohe

Datenschutzgrundlagen

Temperaturen nicht zu Ausfällen führen oder die Lebenszeit der Geräte nicht unnötig verringern.

Kellerräume haben zwar meist keine Fenster, können aber auch völlig ungeeignet sein, wenn sich das Gebäude in einem Gebiet mit hohem Grundwasserspiegel oder gar in einem Überflutungsbereich bei Hochwasser befindet.

Auch als Papierlager ist ein Serverraum denkbar ungeeignet, können doch hohe Temperaturen aus der Abwärme der Technik leicht zu Bränden führen. Überhaupt ist die Klimatisierung von Serverräumen und Brandschutz bzw. Brandmeldeanlagen ein wichtiger Aspekt der Verfügbarkeit.

Manchmal sind es keine Brände oder Wasserschäden, die zur Vernichtung von Datenbeständen führen, sondern einfach der technologische Wandel: Hardware wird vom Markt genommen, Standardsoftware wird nicht weitergepflegt und läuft auf neueren Betriebssystemversionen nicht mehr. Was passiert, wenn Sie ein Altsystem abschalten und durch neuere Technologie ersetzen müssen? Können Sie noch immer auf Ihre alten Daten zugreifen? Oder sind Ihre gesamten Buchhaltungsdaten der letzten zehn Jahre verloren? Denken Sie bei Umstellungen in Ihrer EDV-Landschaft oder dem einfachen Löschen von Daten auch immer an die gesetzlichen Aufbewahrungsfristen.

Ändern sich Dateiformate? Haben Sie noch immer alle Werkzeuge, um bei Ihnen im Hause vorhandene Dateien zu lesen oder zu drucken? Vor wenigen Jahren übliche 3 ½ Disketten passen unheimlich schlecht an heutige USB-Anschlüsse...

Gerade wenn Sie in einer Branche tätig sind, die lange Aufbewahrungsfristen (z.B. 30 Jahre bei Mahnbescheiden, Produkthaftung und im Gesundheitsbereich) hat, sollten Sie rechtzeitig Migrationskonzepte erstellen, bevor Ihre Daten verloren sind. Beachten Sie bei der Langzeitarchivierung auch die dafür geeigneten Langzeitarchivierungsformate (z.B. PDF A).

Trennungsgebot

Maßnahmen zum Trennungsgebot dienen dazu, zu gewährleisten, dass zu unterschiedlichen Zwecken erhobene Daten getrennt verarbeitet werden können.

Typische Maßnahmen zur Sicherstellung des Trennungsgebotes sind die Trennung von

Test- und Produktivsystemen. Tests von Software sollen regelmäßig mit Testdaten erfolgen, nicht mit Echtdaten. Aus Bequemlichkeit werden gern Echtdaten des Produktivsystems für die Tests genommen. Die Gefahr von Datenschutzverletzungen ist hoch. In den wenigsten Fällen sind Echtdaten für einen guten Softwaretest erforderlich. Übrigens sind Tests mit Echtdaten manchmal irreführend: In der Erwartung, dass man ja das „richtige" Ergebnis aus dem Altsystem kennt, werden einfach die Ergebnisse des neuen, nun vielleicht erstmals richtig arbeitenden Systems in Zweifel gezogen...

Sauber getrennte Ordnerstrukturen für Daten verschiedener Kunden sind eigentlich eine Selbstverständlichkeit, bei Auftragnehmern von Auftragsdatenverarbeitung ist es ein K.O.-Kriterium bei der Auswahl des Dienstleisters, wenn dies nicht gegeben ist. Software, die zur Verarbeitung personenbezogener Daten mehrerer Auftraggeber eingesetzt wird, muss mandantenfähig sein, damit es zu keiner versehentlichen Vermischung von Datenbeständen kommt.

Bestimmte Daten sind physikalisch von anderen Daten zu trennen, dies betrifft hierbei nicht nur die Daten, sondern auch die Datensicherungen. Dies sind typischerweise Personaldaten, kaufmännische bzw. Verwaltungsdaten oder Maschinensteuerungsdaten. Auch ein möglicher Webshop sollte physikalisch hiervon getrennt sein. Gerne taucht ab hier die Frage auf, wie jetzt mögliche notwendige Austauschmöglichkeiten von Daten realisiert werden können, wenn diese doch getrennt sind, beispielsweise die automatische Anlage eines Personalkundenkontos oder die Ausführung einer Bestellung aus dem Webshop bei Produktion eines Einzelstückes. Hierfür werden Schnittstellen benötigt, welche nur bestimmte Daten in bestimmte Richtungen aufnehmen und weitergeben können und alle weiteren Möglichkeiten eines Datenaustausches oder Zugriffs unmöglich machen sollen (eine Art Zwischenbehälter oder Schleuse).

Anpassung an weitere Bestimmungen

Die Art Ihrer Daten oder Tätigkeit kann weitere und höhere Anforderungen vorsehen, eine Unterschreitung der Anforderungen kann durch diese nicht bewirkt werden, selbst wenn diese in weiteren Bestimmungen benannt ist (beispielsweise Kammer). Es kommt gar nicht so selten vor, dass auf Seiten eines Berufsverbandes Informationen hinterlegt sind, die nicht mehr dem aktuellen Recht oder der aktuellen Rechtsprechung entsprechen.

Prüfung der Eignung von Beauftragten bei Dritten

Hat eine verantwortliche Stelle die Pflicht zur Bestellung eines Datenschutzbeauftragten oder zu anderen Beauftragten, welche mit der Datenverarbeitung und Sicherheit der Daten in Zusammenhang stehen, so sind Sie Ihrerseits verpflichtet, auch dessen Eignung und Weisungsfreiheit in geeigneter Form zu prüfen und sich nachweisen zu lassen. Besonders hellhörig sollten Sie werden, wenn die Beauftragten kein Mitarbeiter im Unternehmen tatsächlich kennt, oft sind hier dann Alibibeauftragte tätig.

Dokumentation

Die Prüfungen der TOMs sind Ihrerseits zu dokumentieren; es sind in geeigneten Abständen Nachprüfungen vorzunehmen.

Nachweise Dritter

Eine ISO 27001 oder auch andere Zertifikate, Testate und Audits definieren Feststellungen Dritter zu einem bestimmten Zeitpunkt, welche auch mit einer räumlichen und zeitlichen Begrenzung einhergehen. Nachweise Dritter sind ein Hilfsmittel bei der Bewertung, jedoch nicht als abschließend zu betrachten. Seit der Prüfung können sich bestimmte Prozesse geändert haben, oder für Sie wichtige Feststellungen wurden im Rahmen dieser Bestätigungen nicht positiv geprüft und dennoch wurde eine Bestätigung erteilt. Prüfen Sie unabhängig von Bescheinigungen die für Sie relevanten Punkte selbst und verlassen sich nicht blind auf die Überprüfung von Dritten. Auch eine Referenzliste mit Kunden spiegelt nicht wieder, ob diese Referenzkunden ihrerseits hinreichend geprüft bzw. in welchen Bereichen diese ihre Gewichtung gelegt haben. Prüfen Sie auch in jedem Fall, ob die Dokumente noch gültig sind, die ausgebende Stelle hierfür geeignet war und ob diese auch für die verantwortliche Stelle gelten. Es kann Ihnen beispielsweise eine ISO 27001 Zertifizierung für die Niederlassung in München vorgelegt werden, während Sie aber tatsächlich mit der Niederlassung Hamburg arbeiten möchten. In diesem Fall wäre die Zertifizierung nicht übertragbar.

Verpflichtung und Unterrichtung

Der Unternehmer ist für die Einhaltung des Datenschutzes durch seine Beschäftigten verantwortlich.

Daher sollten alle Mitarbeiter, die Zugriff auf personenbezogene Daten erhalten könnten, auf das Datengeheimnis verpflichtet werden. Im BDSG ist diese Verpflichtung und Belehrung zwingend vorgeschrieben.

Die klassische Formulierung im Arbeitsvertrag, dass der Arbeitnehmer über alle ihm im Rahmen seiner Tätigkeit bekanntwerdenden Betriebs- und Geschäftsgeheimnisse Stillschweigen bewahrt, ist als Verpflichtung auf das Datengeheimnis nicht ausreichend. Das Gesetz sieht hier eine separate Verpflichtung auf den Datenschutz vor und eine hinreichende Belehrung über diese Verpflichtung!

Eine Verpflichtung ohne Unterrichtung sehen die Aufsichtsbehörden in der Regel als nicht wirksam an. Der Beschäftige muss schon wissen, welche Folgen eine solche Verpflichtung hat. Einige Gerichte und Aufsichtsbehörden betrachten die Aushändigung eines Merkblattes als mögliche ausreichende Belehrung, andere wiederum erwarten die tatsächliche persönliche Belehrung, damit auch sichergestellt ist, dass diese tatsächlich nachvollzogen werden kann und im Zweifel auch Nachfragen möglich sind.

Die beste Empfehlung ist, dass Sie die Verpflichtung gemeinsam mit dem Mitarbeiter besprechen, bevor dieser seine Tätigkeit aufnimmt, und ihm die Details plausibel erklären. Dokumentieren Sie diese Belehrung.

Ob eine Unterrichtung der Beschäftigten über Aushändigung von Handlungsanweisungen und Merkblättern, Online-Schulungen oder Ähnliches stattfindet, ist dem Unternehmen freigestellt. Die Autoren bevorzugen Präsenzschulungen in Gruppengrößen von maximal 20 Personen, damit die Geschulten auch die Möglichkeit haben, individuelle Fragen in Bezug auf ihren Tätigkeitsbereich stellen zu können. So ist die Schulung meist viel effektiver, weil das Gelernte sofort an praktischen Beispielen aus dem Unternehmensalltag umgesetzt werden kann. Eine Gießkannenschulung ist dabei wenig sinnvoll, und auch das Gesetz sieht in zahlreichen Kommentierungen zielgerichtete Schulungen vor, welche auf die tatsächliche Tätigkeit abzielen.

Empfohlene Inhalte für eine Basisschulung sind:

- Erläuterungen zum Umgang mit personenbezogenen Daten
- Begriffserläuterungen
- Aufgaben des Datenschutzbeauftragten
- Hinweise zu konkreten Datenschutz- und Datensicherheitsmaßnahmen, die im Unternehmen zu treffen sind
- die Vorstellung des Datenschutzkonzeptes des Unternehmens
- bereichsspezifische Regelungen
- Hinweise zum Umgang mit Internet und E-Mail
- Hinweise zu sozialen Netzwerken

Verfahrensübersichten

Jedes Unternehmen muss Verfahrensübersichten erstellen. Die Inhalte sind im BDSG festgelegt:

1. Name oder Firma der verantwortlichen Stelle
2. Inhaber, Vorstände, Geschäftsführer oder sonstige gesetzliche oder nach der Verfassung des Unternehmens berufene Leiter und die mit der Leitung der Datenverarbeitung beauftragten Personen
3. Anschrift der verantwortlichen Stelle
4. Zweckbestimmungen der Datenerhebung, -verarbeitung oder -nutzung
5. eine Beschreibung der betroffenen Personengruppen und der diesbezüglichen Daten oder Datenkategorien
6. Empfänger oder Kategorien von Empfängern, denen die Daten mitgeteilt werden können
7. Regelfristen für die Löschung der Daten
8. eine geplante Datenübermittlung in Drittstaaten
9. eine allgemeine Beschreibung, die es ermöglicht, vorläufig zu beurteilen, ob die technischen und organisatorischen Maß-

nahmen zur Gewährleistung der Sicherheit der Verarbeitung angemessen sind

Mit Anwendbarkeit der DS-GVO muss auch der Datenschutzbeauftragte benannt werden.

Dies scheint zunächst einmal eine vom Gesetzgeber auferlegte, überflüssige und kostspielige Aufgabe zu sein, schafft aber im Unternehmen Klarheit über die Daten, die verarbeitet werden sowie die Systeme, auf denen Datenverarbeitung stattfindet.

Ein aktuelles Verfahrensverzeichnis ist immer auch eine Voraussetzung für eine Vorabkotrolle oder eine Datenschutz-Folgeabschätzung.

Überprüfung

Wenn Sie Ihre Dokumentationen fertiggestellt haben, alle Auftragnehmer geprüft wurden und Sie selbst Ihr eigenes Soll erfüllen und compliant sind, gilt es auch dies regelmäßig zu überprüfen und neu zu bewerten. IT-Sicherheit und Datenschutz ändern sich laufend, insbesondere durch den technologischen Fortschritt, den Einsatz neuer Versionen von Software oder Hardware sowie veränderte Anforderungen bei Dienstleistern.

Planen Sie regelmäßig Selbstkontrollen ein. Prüfen Sie, ob Ihre Sicherheitsmaßnahmen auch tatsächlich greifen. Versuchen Sie selbst oder über beauftragte Spezialisten, den Datenschutz und die IT-Sicherheit zu überwinden, um so Ihre Maßnahmen weiter zu optimieren.

Erstellen Sie sich für die Selbstprüfung Checklisten und prüfen Sie bereits bei deren Erstellung genau, ob sich etwas geändert hat oder hinzugekommen ist. Nicht selten wird mal eben etwas neu ins Unternehmen eingebracht, ohne dass es tatsächlich bemerkt wurde. Prüfen Sie auch Ihre Verträge und Vereinbarungen und passen Sie diese an, sofern erforderlich. Dokumentieren Sie diese Prüfung und planen Sie gleich die nächste Überprüfung ein.

Auch außerhalb dieser Reihe können Überprüfungen sinnvoll sein, insbesondere wenn Sie das Gefühl haben, dass bei einem Auftragnehmer etwas irgendwie anders oder nicht mehr ganz rund läuft. Nehmen Sie sich dann das Recht und prüfen Sie außerhalb der Reihe. Am effektivsten sind hier meist unangekündigte Besuche bei den Auftragnehmern, einfach mal so auf einen Kaffee. Haben Sie dann immer noch ein schlechtes Bauchgefühl, dann prüfen Sie umfassend, so als wenn Sie einen neuen Auftragnehmer auswählen würden!

Vorabkontrolle / Risiko Folgeabschätzung

Jedes neue und bestehende Verfahren ist nicht nur zu dokumentieren, es ist auch zu prüfen, ob eine Vorabkontrolle vorzunehmen ist (§ 4 f BDSG). Diese Prüfung und die Vorabkontrolle selbst obliegen dem Datenschutzbeauftragten.

Ist kein Datenschutzbeauftragter bestellt, dürfen Verfahren, die der Vorabkontrolle unterliegen, nicht eingeführt werden, wie z.B. eine elektronische Zeiterfassungsanlage oder eine Überwachungskamera.

Neu wird die Risikofolgeabschätzung in Art. 33 DS-GVO benannt, welche eine Erweiterung dieser Prüfung vorsieht. Eine Beschränkung auf bestimmte Verfahren wird hier nicht mehr vorgesehen, so dass jedes Verfahren dahingehend zu prüfen ist, auch wenn dieses vorher nicht der Vorabkontrolle unterworfen war. Die Risikofolgeabschätzung stellt auch gleichzeitig einen Teil des RISK-Managements dar.

Auftragsdatenverarbeitung

Bei jedem bestehenden und neuen Prozess sowie auch bei Änderungen ist zu prüfen, ob eine Auftragsdatenverarbeitung oder Funktionsübertragung vorliegt. Diese Unterscheidung wird ab Mai 2018 nicht mehr erfolgen, so dass auch Funktionsübertragungen wie eine Auftragsdatenverarbeitung zu behandeln sind.

Es ist folglich bereits jetzt sinnvoll, auch mit Niederlassungen von Unternehmen, die eine Funktion übernommen haben, entsprechende Verträge zu schließen oder vorzubereiten. Bestehende Verträge zur Auftragsdatenverarbeitung sind zu überprüfen und ggf. anzupassen. Anders als im Vertragsrecht wird die Auftragsverarbeitung nicht aufgrund der Unternehmen geprüft, sondern auf Basis der Niederlassungen der Unternehmen, so dass Sie auch innerhalb Ihrer eigenen Niederlassungen prüfen müssen, ob eine Verarbeitung im Auftrag vorliegt und zwischen der Auftrag gebenden und der Auftrag nehmenden Stelle eine Vereinbarung zu schließen ist.

Es ist immer das Recht für die Prüfung anzuwenden, welches für die Partei der Auftragserteilung gilt. Liegen die Anforderungen an den

Datenschutz im Land des Auftragnehmers höher als bei der beauftragenden Stelle, so sind die höheren Anforderungen zu realisieren und zu prüfen.

Durch die Harmonisierung des Datenschutzrechts innerhalb der EU sind die Anforderungen grundsätzlich in der Basis ab Mai 2018 identisch, können aber durch nationale Anpassungen höher sein. Aktuell ist davon auszugehen, dass Deutschland auch 2018 die höchsten Anforderungen an den Datenschutz innerhalb der EU haben wird. Mit Niederlassungen außerhalb der EU ist der EU-Standardvertrag zu schließen, dieser darf nicht verändert werden, auch Fehler dürfen nicht korrigiert werden. Alternativ zum EU-Standardvertrag kann auch ein eigener Vertrag erstellt werden, dieser ist erst nach Abschluss des Genehmigungsverfahrens durch die Aufsichtsbehörde wirksam. In dieser Übergangszeit wäre der EU-Standardvertrag zu nutzen und nach Genehmigung des eigenen Vertragswerkes neu zu schließen. Auch wenn der EU-Standardvertrag in erster Linie für Datenverarbeitungen im nicht europäischen Ausland entwickelt wurde, kann dieser auch innerhalb der EU geschlossen werden.

Aktuelle Definition laut § 11 BDSG: Auftragsdatenverarbeitung liegt immer dann vor, wenn eine andere Stelle im Auftrag Daten erhebt, verarbeitet oder nutzt und dem Weisungs- und Kontrollrecht des Auftraggebers unterliegt. (Typisches Beispiel: Callcenter für Werbung, Dokumentenvernichtung, Lohn- und Gehaltsabrechnungen.)

Künftige Definition laut Art. 4 DS-GVO; Art. 3 DSRL: „Auftragsverarbeiter" bezeichnet eine natürliche oder juristische Person, Behörde, Einrichtung oder andere Stelle, die personenbezogene Daten im Auftrag des Verantwortlichen verarbeitet.

Der Wegfall der Unterscheidung zur Funktionsübertragung oder Auftragsdatenverarbeitung führt dazu, dass auch bei einer Funktionsübertragung der Auftraggeber für die Daten und dessen Verwendung verantwortlich bleibt, so dass bereits im eigenen Interesse auch bei einer Funktionsübertragung gleiche Weisungs- und Kontrollrechte wie bei einer reinen Auftragsdatenverarbeitung zu etablieren sind.

Die Vertragsgestaltung ist gesetzlich klar inhaltlich vorgeschrieben, wie auch die Pflicht des Auftraggebers, den Auftragnehmer sorgfältig auszusuchen und zu prüfen. Sowohl die Überprüfung als auch der Vertragsschluss zur Auftragsdatenverarbeitung ist vor tatsächlicher Tätigkeit und Datenaustausch mit diesem zu schließen. Sollten Sie feststellen, dass Ihrerseits hier Lücken bestehen, so schließen Sie diese umgehend.

Die Vereinbarung zur Auftragsdatenverarbeitung sollte getrennt von einem geschlossenen Dienstleistungsvertrag und oder Werkvertrag geschlossen werden. Die Vereinbarung zur Auftragsdatenverarbeitung ist in schriftlicher Form zu schließen, die Überprüfung des Auftragnehmers ist schriftlich zu dokumentieren. Für die Einhaltung des Datenschutzes ist die beauftragende Stelle verantwortlich, dies gilt ab Mai 2018 auch im Fall einer Funktionsübertragung.

Mindestinhalte und Form:

- Schriftliche Erteilung
- Verantwortliche Stellen
- Zeitraum der Vereinbarung
- Datenschutzbeauftragte mit Kontaktdaten der verantwortlichen Stellen sowie der Auftragsverarbeiter
- Weisungs- und Kontrollrechte
- Durchführung wiederkehrender Kontrollen, auch unangekündigt

- Technische und organisatorische Maßnahmen
- Verpflichtung des Auftragnehmers, seine Auftragnehmer in gleicher Form zu verpflichten und zu prüfen
- Regelung bezüglich Subunternehmer (nur nach schriftlicher Genehmigung durch den Auftraggeber)
- Datenverarbeitung nur in Deutschland, Verarbeitung in anderen Ländern nur nach schriftlicher Genehmigung durch den Auftraggeber
- Vereinbarung endet erst, wenn alle Daten Ihrer Bestimmung zugeführt wurden und keine Daten mehr beim Auftragnehmer verbleiben, unabhängig von der Laufzeitvereinbarung
- Beschlagnahmeverbot der Daten und Datenträger mit Daten des Auftraggebers, mit Verpflichtung auf dessen Durchsetzung
- Pflicht der Auftragnehmer, den Auftraggeber darüber zu informieren, wenn er der Meinung ist, dass eine Weisung des Auftraggebers gegen Gesetze oder Verordnungen zum Datenschutz verstößt (quasi eine Beratungspflicht des Auftragnehmers)

- Mitteilungspflichten über Verstöße oder vermutete Verstöße gegen den Datenschutz, sowie Form der Mitteilung
- Regelung zur Löschung, Änderung und Sperrung von Daten
- Die Einrede des Zurückbehaltungsrechts i.S.v. § 273 BGB wird hinsichtlich der verarbeiteten Daten und der zugehörigen Datenträger ausgeschlossen
- Weitere Inhalte je nach Auftrag möglich

Zertifizierungen wie eine ISO 27001, ISO 9001 oder andere schaffen eine erste Information, stellen aber nicht die abschließende Überprüfung eines Auftragnehmers dar. Auch bei Vorlage von Zertifikaten ist zu prüfen, ob diese noch gültig sind und ob sie für die beauftragte Stelle erteilt wurden. Die Vorlage von Zertifikaten entbindet den Auftraggeber nicht von seinen Prüfpflichten! Der Auftraggeber kann auch eine andere Stelle oder Person mit der Überprüfung vereinbaren. Er kann sich auch auf andere Weise von der Erfüllung der Voraussetzungen überzeugen, dies bietet sich beispielsweise dann an, wenn eine Prüfung sich auf herkömmlichen Wege nicht realisieren lässt (z.B. Google Analytics).

Bei der Überprüfung ist das Gespräch mit dem Datenschutzbeauftragten des Auftrag nehmenden Unternehmens ein weiterer wichtiger Bestandteil der Überprüfung.

Aus einer Überprüfung können sich Mängel ergeben, welche seitens des Auftragnehmers zu schließen sind. Dokumentieren und benennen Sie die Mängel klar und machen Sie unter Setzung einer angemessenen Frist eine Nachbesserung geltend. Führen Sie eine entsprechende Nachprüfung durch. Sollte auch diese Nachprüfung Grund zur Beanstandung zeigen, so setzen Sie eine letztmalige Nachfrist. Führt auch diese kein befriedigendes Ergebnis herbei, so schließen Sie keinen Vertrag mit diesem Auftragnehmer.

Vertragsrecht und Auftragsdatenverarbeitung

Verträge haben in der Regel bestimmte Laufzeiten und Kündigungsfristen. Die Nichterfüllung von Vorgaben aus der Auftragsdatenverarbeitung oder eine negative Überprüfung während der Auftragsdatenverarbeitung können geeignete Gründe für eine ordentliche oder sogar außerordentliche Kündigung sein. Prüfen Sie bei Absicht einer Kündigung oder außerordentlichen Kündigung nochmals sehr genau Ihre Überprüfung und Ihre Feststellungen sowie die überlassenen Dokumente und die eigenen Aufforderungen an den Auftraggeber. Fordern Sie ggf. vor Ausspruch einer Kündigung Unterlagen nach, da Sie im Streitfall Beweis führen müssen. Führen Sie idealerweise alle Daten noch vor Ausspruch der Kündigung in Ihr Unternehmen zurück, um mögliche weitere Schäden weitestgehend zu vermeiden. Je nach Vertragspartner kann es sinnvoll sein, die Kündigung nicht selbst zu formulieren, sondern anwaltliche Unterstützung hinzuzuziehen. Halten Sie nicht um jeden Preis an Ihren Auftragnehmer fest, letztendlich tragen Sie das gesamte Risiko.

Bußgeldrisiken

Die Risiken ändern sich laufend. Aktuell drohen Straf- und Bußgelder in Höhe von bis zu 300.000 €, je nach Art des Vorfalls. Die Aufsichtsbehörden haben bisher nur selten diese maximale Spanne beim ersten Vorfall genutzt, nicht zuletzt, um hier auch einen pädagogischen Ansatz zu verfolgen. Die neuen Regelungen sollen nach dem Willen des Gesetzgebers eine abschreckende Wirkung entfalten, theoretisch sind den möglichen Buß- und Strafgeldern damit keine Grenzen mehr gesetzt, auch wenn hier die genaue abschließende Fassung abzuwarten bleibt. Unterschieden werden hierbei aktuell zwei Berechnungsgrundlagen - x% des Jahresvorumsatzes oder Bußgeldbetrag x -, und hiervon ist jeweils der höhere Betrag zu wählen. Es ist folglich dringend davon abzuraten, ein unternehmerisches Risiko billigend in Kauf zu nehmen, da neben dem möglichen Imageschaden (Veröffentlichung auf eigene Kosten) auch erhebliche finanzielle Risiken zu berücksichtigen sind. Hierbei haftet auch die Geschäftsleitung mit ihrem Vermögen unbeschränkt, so dass eine Haftung sich nicht auf das Firmenkapital beschränken lässt.

Muster und Vorlagen

Sowohl bei den Aufsichtsbehörden als auch beim BSI und verschiedenen Vereinen gibt es Muster und Prüfvorlagen. Bei jedem Muster ist aber Ihrerseits zu kontrollieren, ob dieses für Sie überhaupt anwendbar ist; dasselbe gilt für jede Prüfempfehlung. Die Muster sind auf den Einzelfall hin anzupassen, damit diese juristisch später auch ihre volle Wirkung entfalten können und tatsächlich eine Auftragsdatenverarbeitung begründen.

Häufige Fehler

Unklare und unvollständige Formulierungen, unvollständige Prüfung des Auftragnehmers, unvollständige Dokumentationen der Prüfung des Auftragnehmers, unvollständige oder nicht durchgeführte Nachprüfungen, Vereinbarung zwischen der Unternehmung aber nicht mit der verantwortlichen Stelle, Verzicht auf interne Auftragsdatenverarbeitungen stellen die häufigsten Fehler in diesem Zusammenhang dar.

Rechte der Betroffenen

Bei der Erhebung, Verarbeitung und Nutzung personenbezogener Daten müssen die in der Datenschutzgesetzgebung verbrieften Rechte der Betroffenen gewahrt werden.

Die DS-GVO fordert, dass die Informationen zu den Betroffenenrechten in präziser, transparenter, verständlicher und leicht zugänglicher Form in einer klaren und einfachen Sprache zu übermitteln sind; dies gilt insbesondere für Informationen, die sich speziell an Kinder richten. Die Information kann – wenn die betroffene Person es verlangt und ihre Identität eindeutig festgestellt wurde – auch mündlich erteilt werden. Für Dokumentationszwecke ist die Bereitstellung in schriftlicher oder Textform allerdings vorzuziehen, mögliche mündliche Informationen sind schriftlich zu dokumentieren.

Will ein Betroffener seine Rechte ausüben, so sind die geforderten Informationen innerhalb eines Monats zur Verfügung zu stellen. Ist dies nicht möglich, kann die Frist um weitere zwei Monate verlängert werden, sofern der Betroffene vor Ablauf der Monatsfrist darüber informiert wird.

Wenn die verantwortliche Stelle nicht tätig wird, ist der Betroffene unverzüglich, spätestens innerhalb eines Monats über die Gründe dafür und die Möglichkeit, bei der Aufsichtsbehörde Beschwerde einzulegen, zu informieren.

Informationspflicht bei der Erhebung

§ 4 Abs. 3 BDSG und § 33 BDSG,
Artikel 13 und 14 DS-GVO

Bei der Erhebung personenbezogene Daten besteht eine Informationspflicht der erhebenden Stelle. Insbesondere muss der Betroffene zu Zeitpunkt der Erhebung darüber informiert werden,

1. wer der Verantwortliche ist, einschließlich Kontaktdaten,

2. zu welchen Zwecken und auf Basis welcher Rechtsgrundlage die Daten erhoben werden

3. an wen die Daten übermittelt werden sollen, insbesondere auch, ob die Daten in ein Drittland übermittelt werden sollen

4. welche Rechte der Betroffene auf Grund der Datenschutzgesetzgebung hat

5. die geplante Speicherdauer für die Daten
6. dass bei einer Erhebung freiwilliger Angaben diese Einwilligung jederzeit widerrufen werden kann und
7. die geplante Speicherdauer der Daten.

Werden die Daten nicht direkt beim Betroffenen erhoben, so ist der Betroffene in der Regel über die Erhebung nachträglich zu informieren.

Auskunft

§ 34 BDSG, Artikel 15 DS-GVO

Betroffene haben ein Recht auf Auskunft. Auf Anfrage müssen sie kostenlos Auskunft darüber erhalten,

- welche Daten über sie gespeichert sind
- woher diese Daten stammen, zu welchen Zwecken sie gespeichert werden und
- an wen die Daten übermittelt werden.

Bei Durchführung von Scoring / Profiling sind weitere Informationen zu liefern.

Beim Auskunftsersuchen soll der Betroffene die zu beauskunftenden Daten möglichst genau benennen. Tut er dies nicht und fordert Information über alle über ihn gespeicherten Daten, so muss das Unternehmen auch dieser Anfrage nachkommen. Es ist hilfreich, wenn das Unternehmen dann über aktuelle Verfahrensübersichten verfügt, die angeben, in welchen Systemen Daten des Betroffenen gespeichert sein könnten.

Berichtigung, Löschung und Sperrung

§ 35 BDSG, Artikel 16 bis 19 DS-GVO

Wird festgestellt, dass Daten falsch sind, müssen sie berichtigt werden. Ist man sich über die Richtigkeit der Daten nicht einig, so müssen die Daten gesperrt werden, bis eine Einigung erzielt wurde.

Daten sind zu löschen, wenn sie unzulässiger Weise erhoben wurden, die Einwilligung für die Datenspeicherung widerrufen wurde oder der Zweck für die Speicherung entfallen ist und keine Aufbewahrungsfristen der Löschung entgegenstehen. Daten sind zu sperren (BDSG) bzw. die Verarbeitung (DS-GVO) ist einzuschränken, solange man sich über die Richtigkeit der Daten nicht einig ist, wenn eigentlich gelöscht werden müsste oder Aufbewahrungsfristen oder schutzwürdige Interessen des Betroffen dem entgegenstehen.

Neu in der DS-GVO ist das Recht auf Vergessenwerden: Hat der Verantwortliche die personenbezogenen Daten öffentlich gemacht und ist zu deren Löschung verpflichtet, so muss er möglichst all Datenempfänger darüber informieren, dass eine betroffene Person von Ihnen die Löschung aller Links zu diesen personenbezogenen Daten oder von Kopien oder Replikationen dieser personenbezogenen Daten verlangt hat.

Datenübertragbarkeit

Auch neu in der DS-GVO ist das Recht auf Datenübertragbarkeit (Artikel 20 DS-GVO): Die betroffene Person hat das Recht, die sie betreffenden personenbezogenen Daten, die sie einem Verantwortlichen bereitgestellt hat, in einem strukturierten, gängigen und maschinenlesbaren Format (z.B. PDF-A) zu erhalten, um sie an eine andere verantwortliche Stelle weiterzugeben.

Wie dies technisch erfolgen soll, muss sich ab 2018 in der Praxis zeigen.

Schadensersatz

§ 7 BDSG, Artikel 82 DS-GVO

Entsteht einer Person ein Schaden durch eine unzulässige Verarbeitung ihrer Daten, so hat sie ein Recht auf Schadensersatz gegen den Verantwortlichen und mit Anwendbarkeit der DS-GVO auch gegen den Auftragsverarbeiter; der Schadensersatzanspruch kann nicht beschränkt werden. Die Haftung erstreckt sich sowohl in die Unternehmung als auch in das Privatvermögen der Geschäftsleitung. Eine Begrenzung alleine auf die Geschäftseinlage oder bestimmte Beträge ist nicht möglich und in Verträgen unwirksam. Die Haftung ergibt sich bei Schäden bereits bei leichter Fahrlässigkeit. Eine Minimierung oder Ausschluss der Haftung kann nur dadurch erzielt werden, dass nachweislich alle Maßnahmen ergriffen wurden, welche angemessen waren, um den entstandenen Schaden zu verhindern.

Informationspflichten

Kommt es zu einem Datenschutzvorfall, so sind Sie verpflichtet, die Betroffenen hiervor zu unterrichten. Handeln Sie aber in diesem Fall nicht übereilt, sondern ziehen Sie Ihren Datenschutzbeauftragten hinzu sowie ggf. weitere fachkundige Personen, sowie ggf. ihre Rechtsabteilung. Zur Meldung an die Aufsichtsbehörde sind Sie unverzüglich nach Kenntnis verpflichtet; je nach Art der Unternehmung sind auch Meldungen an weitere Behörden erforderlich. Je nach Art und Größe des Vorfalles können sich die Informations- und Veröffentlichungspflichten unterscheiden. Die Pflicht zur Veröffentlichung und den Umfang hierzu wird die Aufsichtsbehörde festlegen. Typisch sind hier Veröffentlichungen in zwei Zeitungen, aber auch Radio und oder Fernsehen sind hier möglich. Die Kosten für die Veröffentlichung sind von der Unternehmung selbst zu tragen. Vorfälle werden üblicherweise auch im Internet veröffentlicht und finden sich auch in verschiedenen Listen wieder. Neben der reinen Information sollten Sie auch darlegen können, dass Ihr Unternehmen alles getan hatte, um den Schutz der Daten hinreichend zu gewährleisten und Sie künftig weitere Maßnahmen ergreifen, um entsprechende Vorfälle in der Zukunft zu vermeiden.

Internetauftritt und Werbung

Der Internetauftritt ist für Firmen jeder Größe selbstverständlich geworden. Es gibt unzählige Lösungen, um schnell zum passenden Internetauftritt zu gelangen. Auch bestimmte Extras, die Unternehmen für sich sehen, werden gerne dem Internetangebot hinzugefügt.

Baukastensysteme, Standardlösungen oder auch individuelle Lösungen von Werbeagenturen berücksichtigen sicherlich die Wünsche des Unternehmers, nicht aber alle Vorgaben nach dem BSIG, TMG, BDSG, DS-GVO und möglicher weiterer Bestimmungen. Unabhängig von der Größe Ihrer Unternehmung sollten Sie Ihre Weblösung und dessen Inhalte auch fachkundig prüfen lassen sowie ggf. Anpassungen vornehmen, idealerweise vor dessen Realisierung. Hierfür sind Fachanwälte und Datenschutzbeauftragte die richtigen Ansprechpartner.

Sie benötigen folgende Mindestinhalte auf Ihrer Webseite:

- Impressum § 5 TMG (In der Regel direkt auf der Startseite verlinkt, eine Erreichbarkeit muss von jeder Seite aus nach spätestens 2 Klicks möglich sein)

- Datenschutzerklärung
  § 11 ff TMG, Art. 12 bis 14 DS-GVO (In der Regel direkt auf der Startseite verlinkt, eine Erreichbarkeit muss von jeder Seite aus nach spätestens 2 Klicks möglich sein)
- Bei Übertragung von Daten sind Sie verpflichtet, diese angemessen zu schützen und hierbei den aktuellen Stand der Technik zu berücksichtigen (§ 13 TMG, § 8a Abs. 1 Satz 2 BSIG). Als Mindeststandard wäre hier folglich die Verschlüsselung der Webseite, der Eingaben auf der Webseite und die Übertragung der Daten zu sehen. Dies betrifft bereits einfache Funktionen wie das Kontaktformular, aber auch Hintergrundfunktionen wie Google Analytics.
- Stellen Sie Daten auch Dritten zur Verfügung, so ergibt sich hier ggf. eine Auftragsdatenverarbeitung, welche auch im Web ebenso zu behandeln ist. Bei der Nutzung von Google Analytics ist beispielsweise eine entsprechende Vereinbarung zu schließen, welche Google selbst sogar zum Download anbietet (Artikel 6 I DS-GVO).
- Buttons zur Verlinkung auf Facebook und Co.: Nicht jeder Button, der eine sinnvolle Funktion zu erfüllen scheint, ist auch tatsächlich in der EU oder Deutschland zulässig. Prüfen Sie jeden Button entsprechend

oder lassen diesen prüfen (Artikel 6 I DS-GVO, § 4 BDSG).

- Newsletter werden auf Webseiten gerne angeboten. Beachten Sie, dass Sie hierfür ein doppeltes Opt-In verwenden und in diesem Zuge auch hinreichend über die jederzeitige Möglichkeit des Abbestellens des Newsletters integrieren müssen. Das Abbestellen muss dabei ebenso leicht sein wie das Bestellen eines Newsletters. Hier meldet sich der Nutzer üblicherweise zu einem Newsletter an, erhält eine E-Mail, in der dieser nochmals über den Newsletter aufgeklärt wird inkl. eines Bestätigungslinks, und erst nachdem dieser geklickt wurde, gilt der Newsletter als bestellt. In jedem Newsletter ist dann ein Link zu positionieren, welcher durch einen einfachen Klick auch das Abbestellen des Newsletters ermöglicht (Artikel 6 I DS-GVO, § 4 BDSG, § § 7 Abs. 3 UWG, § 7 Abs. 2 Nr. 3 UWG).

- Links und Inhalte Dritter: Natürlich können Sie Inhalte von Dritten auf Ihrer Webseite platzieren; Sie sollten sich aber gleichzeitig von diesen distanzieren und sich diese nicht zu eigen machen. Auch sind Sie in diesem Fall verpflichtet, mögliche Fremdinhalte zu kontrollieren, auch wenn Sie sich diese Inhalte nicht zu eigen machen, und diese Prüfung zu dokumentieren. Eine Prüfung kann jedoch nur in zumutbaren Umfang erwartet werden; bei Kenntnis von rechtswidrigen Inhalten sind diese unverzüglich zu entfernen (§ 10 TMG, diverse Inhalte nach dem UrhG).

- Aktuell in der Entstehung ist die ePrivacy-Verordnung, welche weitere Änderungen für Webseitenbetreiber mit sich bringen wird.

Die Aufsichtsbehörde kommt, was tun?

Die Aufsichtsbehörde kann bei Ihnen sowohl angekündigt als auch ohne Ankündigung erscheinen, in beiden Fällen sollten Sie vorbereitet sein.

Ihr Personal in den Zugangsbereichen und Kontaktbereichen sollte hinreichend über die notwendigen Schritte informiert sein, um im Falle des Erscheinens eines oder mehrerer Mitarbeiter der Aufsichtsbehörde die richtigen Schritte in der richten Reihenfolge und Weise zu vollziehen.

Von der besten Seite zeigen und Zeit gewinnen

Handeln Sie bei den Mitarbeitern der Aufsichtsbehörde zunächst genauso wie bei jedem anderen Besucher auch. Das heißt, drucken Sie die Formulare für Besucher aus, überzeugen Sie sich von der Identität der Besucher und dass diese tatsächlich von der Aufsichtsbehörde stammen, und scheuen Sie sich auch nicht, dafür bei der Aufsichtsbehörde anzurufen. So gewinnen Sie neben einem guten Eindruck auch Zeit, indem Sie die Geschäftsleitung sowie Ihren Datenschutzbeauftragten informieren können, welche dann ihre Aufgaben entsprechend wahrnehmen. Fragen Sie ruhig Ihren Datenschutzbeauftragten, wenn Sie sich nicht schlüssig sind. Die Tasse Kaffee, welche Sie natürlich ebenfalls dem Prüfer anbieten, schafft zusätzlich Zeit; seien Sie entspannt und halten Sie ruhig belanglosen Smalltalk, auch Prüfer sind nur Menschen.

Der Prüfer möchte prüfen

Die Formalitäten im Empfangsbereich sind erledigt. Kündigen Sie das kurzfristige Erscheinen einer verantwortlichen Person an, welche den Prüfer gleich in Empfang nehmen wird. Das Personal sollte über das Erscheinen des Prüfers informiert sein und sich folglich von seiner besten Seite zeigen können. Wie bei jeder Prüfung können kleine Auffälligkeiten schnell zu näheren Prüfungen führen.

Die verantwortliche Person nimmt den Prüfer in Empfang

Zeigen Sie sich offen und lassen den Prüfer zunächst sein Anliegen unterbreiten. Notieren Sie sich die Punkte. Ein Mitarbeiter sollte bereits auf diese Informationen warten. Bevor Sie mit dem Prüfer den Raum verlassen, bringen Sie die Information zu Ihrem Mitarbeiter, damit dieser die entsprechenden Daten schon während des Rundganges zusammenstellen kann. (Diese sollten natürlich existieren und nicht erst angefertigt werden.) Stellen Sie nicht mehr Unterlagen zusammen, als der Prüfer sehen möchte, halten Sie aber andere Unterlagen bereit, falls diese ergänzend gesichtet werden sollen oder falls Sie eine bemerkenswerte Abhandlung über Ihren Datenschutz haben, welche den Prüfer beeindrucken könnte.

Prüfung von außen nach innen

Vermutlich wird der Prüfer schon das Gelände im Außenbereich abgeschritten haben. Das soll Sie aber nicht davon abhalten, dies mit dem Prüfer noch einmal zu tun und Werkstor, Schranke, Kontrollsystem am Werkstor oder ähnliches zu zeigen. Auch der Weg um das Gebäude herum eröffnet Ihnen die Möglichkeit, weitere Sicherungsmaßnahmen wie z.B. Außenkameras zu zeigen und genau zu erklären. Der Geschäftsführer kann dabei auch gerne Äußerungen über z.B. die aufwändige Installation der Kameras treffen, weil der Datenschutzbeauftragte hier auf jedes Detail geachtet hat.

Denken Sie daran, Sie haben alle Zeit der Welt, auch wenn das tatsächlich nicht der Fall ist, schaffen Sie für den Prüfer genau diese Atmosphäre. Geben Sie dem Prüfer den Eindruck ungeduldig zu sein oder das Thema schnell abhaken zu wollen, so kann dies genau den gegenteiligen Effekt auslösen!

Gehen Sie nun in das Gebäude zurück und erkundigen Sie sich, ob der Prüfer noch Fragen hat. Stellen Sie selbst regelmäßig Fragen zum Gezeigten. Wer fragt, der führt.

Auch wenn Ihr Datenschutzbeauftragter noch nicht da ist, sollten Sie nun den Rundgang fortsetzen. Schließlich sind Sie stolz auf Ihren Datenschutz.

Gehen Sie durch das Gebäude, beschreiben Sie die Sicherheitszonen und die Art und Weise der Kontrolle, durch die nur berechtigte Personen das Gebäude betreten. Kommen Sie auch ruhig mal an verschlossene Türen, die Sie dann öffnen und den Prüfer bitten, sich umzudrehen, während Sie zum Beispiel einen Schlüsselcode eingeben.

Lassen Sie den Prüfer nie alleine. Selbst wenn der Prüfer auf das WC möchte, dann warten Sie vor dem Örtchen und nehmen ihn anschließend gleich wieder in Empfang. Egal wo der Prüfer hin möchte, es sollte immer jemand bei ihm sein und ihm über die Schulter schauen.

Der Prüfer möchte Fotos machen? Dies untersagen Sie und kündigen Rücksprache mit Ihrem Datenschutzbeauftragten an. Der Prüfer möchte an einen Computer selbst etwas eintippen? Dies untersagen Sie ebenfalls und fragen stattdessen, was er gerne sehen möchte; wenn nichts dagegenspricht, so können Sie das Gewünschte auch zeigen.

In Bereichen, in denen Kamera und Handyverbot herrscht, erfüllen Sie dieses selbst und lassen Sie dies auch den Prüfer beachten.

Idealerweise haben Sie den Prüfer jetzt schwer beeindruckt und reichlich Konversation geführt.

Führen Sie nun den Prüfer in einen Raum, in dem die Unterlagen bereits bereitstehen, welche er gerne einsehen möchte. Betrachten Sie gemeinsam mit ihm die Unterlagen und stellen Sie ruhig Fragen. Die nächste Tasse Kaffee sollte schon bereitstehen, der Prüfer soll sich wohlfühlen.

Der Prüfer möchte einige Unterlagen mitnehmen, um diese genauer zu sichten? Bieten Sie ihm an, die Unterlagen als gesichertes PDF zur

Verfügung zu stellen, da dies ja auch viel einfacher für mögliche Kommentierungen seinerseits ist als die Papierversion. Dies verschafft Ihnen Zeit, genau diese Unterlagen vorher nochmals auf Fehler und Schwächen zu sichten und natürlich dann die optimierte Version zu übersenden.

Informieren Sie Ihren Datenschutzbeauftragten, sofern dieser nicht bei der Prüfung anwesend sein konnte. Der Datenschutzbeauftragte sollte dann auch die Initiative ergreifen und mit dem Prüfer telefonieren (und natürlich mit ihm ebenso harmonisch fortfahren). Der Datenschutzbeauftragte sollte dann auch die Unterlagen mit dem Prüfer austauschen sowie natürlich für Fragen und Anregungen ein offenes Ohr haben.

Der Datenschutzbericht

Sie haben einen Bericht über die Prüfung erhalten, welcher Anregungen und Beanstandungen beinhalten könnte? Nehmen Sie diese ernst! Wenn Sie alles richtig gemacht haben, sollten Sie aber einen so guten Eindruck hinterlassen haben, so dass nichts Nennenswertes im Bericht steht oder dieser voll des Lobes ist.

Wenn Sie die Beanstandungen ausgeräumt und die Anregungen aufgenommen haben, informieren Sie ruhig den Prüfer darüber, selbst dann, wenn dieser es nicht eingefordert hat, und runden Sie so das Bild insgesamt ab.

Todsünden:

- Mitarbeiter halten sich zu Übergängen bei Sicherheitszonen die Tür auf (Datenschutz kennt keine Freundlichkeit)
- Keile an Türen zu Sicherheitszonen (unabhängig davon, ob die Tür gerade geöffnet ist – schon der Keil alleine zeigt, dass die Tür jederzeit ihres Zweckes beraubt werden kann)
- Die Aussage „Haben Sie einen Termin? Wenn nicht, dann können Sie erst nach Abstimmung mit der Geschäftsleitung in X Monaten prüfen." (Der Prüfer braucht keinen Termin.)
- Die Aussage: „Gehen Sie einfach durch, Herr X erwartet Sie schon." (Der Prüfer könnte sich frei bewegen und unterstellen, dass dies auch anderen so angeboten wird; dies alleine ist ein riesiger Minuspunkt und die Prüfung wird sicher deutlich umfangreicher.)

Ihre Mitarbeiter

Informieren Sie in einigen lobenden Sätzen Ihre Mitarbeiter über den guten Ausgang und danken Sie allen.

Nach einer Prüfung kommt keine mehr?

Nur weil Ihr Unternehmen bereits geprüft wurde, heißt dies nicht, dass es nicht wieder geprüft werden kann. Die Aufsichtsbehörden arbeiten hier durchaus nach System und lassen dieses nicht unbedingt erkennen.

Ihr Unternehmen ist datenschutzrechtlich auch für Ihre Kunden relevant?

Benennen Sie ruhig die Prüfung der Aufsichtsbehörde und wo diese eingesehen werden kann.

Testen Sie den Ernstfall

Eine gute Planung sagt noch nicht aus, dass diese auch funktioniert. Sie sollten die entsprechende Situation ruhig mit Ihrem Datenschutzbeauftragten komplett durchtesten. Auf diese Weise machen Sie auch gleich ein Selbstaudit.

Abkürzungen

BDSG — Bundesdatenschutzgesetz

BSI — Bundesamt für Sicherheit in der Informationstechnik

BSIG — Gesetz über das Bundesamt für Sicherheit in der Informationstechnik

DS-GVO — EU Datenschutz Grundverordnung

DSRL — Datenschutzrichtlinie

PDF — Portable Document Format, plattformunabhängiges Dateiformat, entwickelt von Adobe Systems

PDF-A — Genormtes Dateiformat zur Langzeitarchivierung digitaler Dokumente (siehe ISO 19005)-A=Archivformat

PIN	PIN-Code, Persönliche Identifikationsnummer, Geheimzahl, Passwort, Token
TKG	Telekommunikationsgesetz
TMG	Telemediengesetz
TOMs	Technische und organisatorische Maßnahmen
UrhG	Gesetz über Urheberrecht und verwandte Schutzrechte
UWG	Gesetz gegen den unlauteren Wettbewerb
VPN	Virtual private Network, ein virtuelles geschlossenes Netzwerk, das meist das Internet als Transportmedium nutzt
WiFi	Funknetzwerk, Wireless LAN

Begriffserklärungen

Definitionen aus § 3 BDSG:

Anonymisieren ist das Verändern personenbezogener Daten derart, dass die Einzelangaben über persönliche oder sachliche Verhältnisse nicht mehr oder nur mit einem unverhältnismäßig großen Aufwand an Zeit, Kosten und Arbeitskraft einer bestimmten oder bestimmbaren natürlichen Person zugeordnet werden können.

Automatisierte Verarbeitung ist die Erhebung, Verarbeitung oder Nutzung personenbezogener Daten unter Einsatz von Datenverarbeitungsanlagen.

Empfänger ist jede Person oder Stelle, die Daten erhält. **Dritter** ist jede Person oder Stelle außerhalb der verantwortlichen Stelle. Dritte sind nicht der Betroffene sowie Personen und Stellen, die im Inland, in einem anderen Mitgliedstaat der Europäischen Union oder in einem anderen Vertragsstaat des Abkommens über den Europäischen Wirtschaftsraum personenbezogene Daten im Auftrag erheben, verarbeiten oder nutzen.

Erheben ist das Beschaffen von Daten über den Betroffenen.

Löschen ist das Unkenntlichmachung gespeicherter personenbezogener Daten.

Nutzen ist jede Verwendung personenbezogener Daten, soweit es sich nicht um Verarbeitung handelt.

Personenbezogene Daten sind Einzelangaben über persönliche oder sachliche Verhältnisse einer bestimmten oder bestimmbaren natürlichen Person (**Betroffener**).

Pseudonymisieren ist das Ersetzen des Namens und anderer Identifikationsmerkmale durch ein Kennzeichen zu dem Zweck, die Bestimmung des Betroffenen auszuschließen oder wesentlich zu erschweren.

Speichern ist das Erfassen, Aufnehmen oder Aufbewahren personenbezogener Daten auf einem Datenträger zum Zweck ihrer weiteren Verarbeitung oder Nutzung.

Sperren ist das Kennzeichnen gespeicherter personenbezogener Daten, um ihre weitere Verarbeitung oder Nutzung einzuschränken.

Übermitteln ist das Bekanntgeben gespeicherter oder durch Datenverarbeitung gewonnener personenbezogener Daten an einen Dritten in der Weise, dass
a) die Daten an den Dritten weitergegeben werden oder
b) der Dritte zur Einsicht oder zum Abruf bereitgehaltene Daten einsieht oder abruft.

Verändern das inhaltliche Umgestalten gespeicherter personenbezogener Daten.

Verantwortliche Stelle ist jede Person oder Stelle, die personenbezogene Daten für sich selbst erhebt, verarbeitet oder nutzt oder dies durch andere im Auftrag vornehmen lässt.

Verarbeiten ist das Speichern, Verändern, Übermitteln, Sperren und Löschen personenbezogener Daten.

Weitere Begriffe:

Cloud bezeichnet in diesem Buch die Bereitstellung von Speicherplatz über das Internet. Allgemein wird mit dem Begriff **Cloud Computing** die Bereitstellung von Infrastruktur und / oder Software über das Internetbezeichnet. Bestimmte Cloudlösungen sind keine, wie eine Privatcloud innerhalb des eigenen Netzwerkes, auf einem bestimmten Server.

Einwilligung der betroffenen Person: Jede freiwillig für den bestimmten Fall, in informierter Weise und unmissverständlich abgegebene Willensbekundung in Form einer Erklärung oder einer sonstigen eindeutigen bestätigenden Handlung, mit der die betroffene Person zu verstehen gibt, dass sie mit der Verarbeitung der sie betreffenden personenbezogenen Daten einverstanden ist (Art. 4 DS-GVO). Eine Einwilligung muss stets freiwillig sein und darf keine Abhängigkeit in eine bestimmte Leistung haben, da diese Einwilligung dann auch unwirksam ist.

Profiling ist in der DS-GVO definiert als jede Art der automatisierten Verarbeitung personenbezogener Daten, die darin besteht, dass diese personenbezogenen Daten verwendet werden, um bestimmte persönliche Aspekte, die sich auf eine natürliche Person beziehen, zu bewerten, insbesondere um Aspekte bezüglich Arbeitsleistung, wirtschaftliche Lage, Gesundheit, persönliche Vorlieben, Interessen, Zuverlässigkeit, Verhalten, Aufenthaltsort oder Ortswechsel dieser natürlichen Person zu analysieren oder vorherzusagen.

Scoring ist das Bewerten von Betroffenen anhand eines Punktesystems basierend auf Wahrscheinlichkeitswerten (vgl. § 28b BDSG).

Quellen

www.gesetze-im-internet.de
Eine Webseite des Bundesministeriums der Justiz und für Verbraucherschutz, die aktuelle Gesetzestexte enthält.

http://eur-lex.europa.eu/legal-content/DE/TXT/HTML/?uri=CELEX:32016R0679
Link auf den Gesetzestext der DS-GVO (deutsche Sprachversion)

www.bsi.bund.de
Webseite des Bundesamtes für Sicherheit in der Informationstechnik.
Hier finden Sie Informationen rund um IT-Sicherheit sowie die IT-Grundschutz-Kataloge. Außerdem werden hier die vergebenen Zertifikate für IT-Grundschutz auf Basis ISO 27001 gelistet.

www.bfdi.bund.de
Webseite der Bundesbeauftragte für den Datenschutz und die Informationsfreiheit

www.datenschutzzentrum.de
Webseite des ULD – Unabhängiges Landeszentrum für Datenschutz Schleswig-Holstein
Auf dieser Seite werden die Produkte und

Dienstleistungen gelistet, die das Datenschutz-Gütesiegel erhalten haben.

Die Autoren

Birgit Pauls

Jahrgang 1963, Diplom-Mathematikerin, betriebliche Datenschutzbeauftragte (GDDcert.), Projektmanagement-Fachfrau (RKW/GPM).

Mitglied der GDD Gesellschaft für Datenschutz und Datensicherheit e.V. sowie der Hamburger Datenschutzgesellschaft e.V.

Birgit Pauls berät seit 1998 Unternehmen in allen Fragen rund um den Datenschutz, ist als behördliche Datenschutzbeauftragte und externe betriebliche Datenschutzbeauftragte tätig.

Seit 2007 schreibt sie Bücher und Fachartikel zu Datenschutzthemen.

Bernd Sommerfeldt

Jahrgang 1972, Sachverständiger Datenschutz und Informationssicherheit, Datenschutzbeauftragter, IT-Sicherheitsbeauftragter.

Bernd Sommerfeldt berät seit 2005 Unternehmen, Behörden und Anwälte zu den Themen IT-Sicherheit und Datenschutz und ist seit 2013 auch als Sachverständiger tätig. Bernd Sommerfeldt ist akkreditierter Datenschutzbeauftragter nach DIN EN ICE/ISO 17024:2012.